SEKUNDARSTUFE I

Lena Schuett
Julien Verrière
Katharina Verrière

Binnendifferenzierte Sprechanlässe **im Französisch-Unterricht**

Klassen 5 – 10

Cornelsen

Die Autor/innen:
Lena Schuett ist Lehrerin für Englisch und Französisch in der Sekundarstufe I und II.
Julien Verrière ist Lehrkraft für besondere Aufgaben im Fachsprachenzentrum der Universität Bielefeld.
Katharina Verrière ist Lehrerin für Englisch und Mathematik am Maria-Stemme-Berufskolleg in Bielefeld.

Projektleitung: Franziska Wittwer und Marion Clausen, Berlin
Redaktion: Anja Sieber, Hamburg
Umschlaggestaltung: Corinna Babylon, Berlin
Umschlagillustration und Illustration Fußzeilen: Shutterstock/Rvector
Illustration Kopfzeile: Shutterstock/artnLera (Französische Flagge)
Korrektorat: Sara D. Claudel, Paris
Layout/technische Umsetzung: fotosatz griesheim GmbH, Griesheim

www.cornelsen.de

1. Auflage, 2. Druck 2022

Druck: Athesiadruck GmbH

ISBN 978-3-589-16194-2

Inhaltsverzeichnis

* Anfänger   ** Mittelstufe   *** Fortgeschrittene

Vorwort

Kommunikative Kompetenz steht im Zentrum des modernen Fremdsprachenunterrichts. Allerdings kann gerade das „Sprechen" im Unterricht, besonders bei großen Lerngruppen, oft zu kurz kommen. Es gehört zu den Herausforderungen, die an die Fremdsprachenlehrkräfte gestellt werden, ihre Schüler zum Sprechen und aktiven Interagieren untereinander zu motivieren und darüber hinaus die individuellen Kompetenzen, Leistungsniveaus und persönlichen Hintergründe der einzelnen Lernenden zu berücksichtigen. Diese hier vorliegende Aufgabensammlung versucht, beidem gerecht zu werden: In diesem Band werden verschiedene Übungen und Aufgaben zur Verfügung gestellt, die im Französischunterricht genutzt werden können, um die Kompetenz „Sprechen" zu schulen.

Grundsätzlich wird in kürzere **Activités brise-glace** (s. S. 6) und komplexere Aufgaben unterschieden. Hierbei werden die Kompetenzen „dialogisches Sprechen" (**Jeux de rôle**, s. S. 20 ff.) und „präsentierendes Sprechen" (**Présentations**, s. S. 39 ff.) angesprochen. Jede Aufgabe verfügt über binnendifferenzierende Elemente. So werden etwa die Aufgaben in unterschiedlichen Schwierigkeitsstufen formuliert, es werden sprachliche und grammatikalische Unterstützungskarten sowie Aufgaben für schnellere Schüler angeboten. Zudem enthalten einige Aufgaben zusätzliche Differenzierungsangebote bezüglich der Schülerinteressen und Lernertypen. Dieses Vorgehen soll gewährleisten, dass alle Lernenden optimal auf die Aufgaben vorbereitet werden, um so einen bestmöglichen individuellen Kompetenzzuwachs erreichen zu können.

Die **binnendifferenzierenden Elemente** sind auf den Arbeitsmaterialien folgendermaßen gekennzeichnet:

Unterstützungskarten 

Unterschiedliche Schwierigkeitsstufen 

Zusatzaufgaben 

Unterschiedliche Interessen/Lernertypen 

Die **Unterstützungskarten** (**aide de langue ; boîte à outils**) sind zum einen jeweils direkt unterhalb der Aufgabenstellungen zu finden und können durch Knicken des Blattes nur bei Bedarf hinzugezogen werden. So finden die Schüler die Aufgabe auf der Vorderseite und die explizit für die Aufgabe formulierte Unterstützung auf der Rückseite des Blattes. Diese Knicklinien werden folgendermaßen symbolisiert:

-------------------- Plier le long des pointillés --------------------

Zum anderen sind weitere Unterstützungskarten in Form von generellen Hilfestellungen im hinteren Teil des Heftes zu finden. Diese sind durchnummeriert. Die Nummer, die auf dem Rucksacksymbol steht, zeigt an, welche Unterstützungskarte für die jeweilige Aufgabe angeboten werden kann. Diese Zuordnungen sind als Vorschläge zu verstehen; es können demnach noch weitere Karten je nach Bedarf angeboten werden. Die Unterstützungskarten sind somit aufgabenübergreifend und können an verschiedenen Stellen eingesetzt werden. Daher bietet es sich unter Umständen an, die Unterstützungskarten zu laminieren, da sie mehrfach, auch außerhalb des Bandes, genutzt werden können.

Des Weiteren werden in den *Activités brise-glace* für das dialogische und präsentierende Sprechen kleinere Übungen thematisiert, die entweder für sich alleine stehend oder im Rahmen von komplexeren Aufgaben genutzt werden können. Es werden lediglich *Activités brise-glace* angeboten, die allen Aufgaben vorgeschaltet werden können.

Manche Aufgaben beinhalten Arbeitsblätter, die zunächst kopiert und dann ausgeschnitten bzw. geknickt werden müssen. Auch hierauf wird mithilfe von Symbolen hingewiesen:

Couper le long des pointillés ✂---

Je nach Schwerpunktsetzung können die *Présentations* und *Jeux de rôle* im Anschluss reflektiert und unter Umständen auch bewertet werden. Evaluationen können von den Schülern untereinander oder zwischen der Lehrperson und den Lernenden stattfinden. Hierzu können die sprachliche Hilfestellung von Rucksack 15 (S. 57) sowie die Reflexions- und Bewertungsbögen ab S. 61 dienen.

In diesem Band wird überwiegend das Standard-Französisch verwendet. An manchen Stellen werden typische Begriffe mit anderen Akzenten durch ein **Qc* (für Québec) aufgezeigt. Generell beinhalten die Aufgaben Beispiele aus verschiedenen frankophonen Kontexten. Im Text werden zudem folgende Abkürzungen *qc*: *quelque chose* und *qn*: *quelqu'un* verwendet; das Geschlecht von Nomen wird durch *m (masculin) / f (féminin) / pl (pluriel)* gekennzeichnet.

Die vorgesehenen **Niveaustufen** können der Übersicht im Inhaltsverzeichnis entnommen werden. Es handelt sich bei den Angaben immer um ungefähre Einschätzungen, je nach Klasse und Schwerpunktsetzung können diese variieren. Generell gilt, dass die Aufgaben unabhängig und flexibel eingesetzt oder aber an bestimmte Einheiten des Lehrwerks (wenn vorhanden) angeknüpft werden können. Letztendlich geht es um die Freude am Sprechen, sodass die Zweitsprachenlernenden von heute zu kompetenten Mehrsprachigen von morgen werden können.

Lena Schuett, Julien Verrière und Katharina Verrière, Januar 2019

Anmerkung

Zur Bezugnahme auf Personen werden Substantive und Pronomina generisch gebraucht. Wenn also von „Lehrern", „Schülern", „Lernern" etc. gesprochen wird, sind damit männliche und weibliche Personen in gleicher Weise gemeint.

Activités brise-glace

Die *Activités brise-glace* sollen die Schüler auf das Sprechen der französischen Sprache einstimmen, können thematisch und sprachlich die sich anschließende Aufgabe vorentlasten und weisen folgende binnendifferenzierenden Elemente auf:

- Die Schüler können basierend auf ihrem sprachlichen Niveau reagieren.
- Die Schüler agieren vermehrt nur in partnerschaftlicher Interaktion, was zum Abbau von Hemmungen im Sprachgebrauch führen kann.

Die *Activités brise-glace* können allgemein zu Beginn einer Unterrichtsstunde genutzt werden oder aber sie werden als Aufwärmung vor der Erarbeitung der *Jeux de rôle* bzw. der *Présentations* mit einem jeweiligen thematischen Fokus (z. B. *ma ville, les voyages, une fête…*) eingesetzt, um auf das Thema der Aufgabe vorzubereiten und dieses sprachlich vorzuentlasten.

Die ersten vier Übungen

- *Aujourd'hui, je suis…*
- *Cet après-midi, je voudrais…*
- *C'est mon sport préféré…*
- *La météo du jour…*

sind Kopiervorlagen, die jeweils an die Schüler ausgeteilt werden. Hier geht es darum, spontan in einen Dialog einzusteigen. Hierzu stehen den Schülern ein Wortfeld und als Unterstützung ein Beispieldialog sowie Hilfen in Form von Unterstützungskarten (s. Nummern auf dem Rucksacksymbol) zur Verfügung. Um die Aufgabe weiter zu vereinfachen, könnten die Schüler den Dialog zunächst aufschreiben. Diese *Activités brise-glace* können an die Aufgaben angepasst werden, indem der thematische Bezug beispielsweise zu *„Voilà, ce que je sais sur Paris le Québec/la Guadeloupe"* geändert wird.

Die folgenden drei Übungen

- *Quiz (niveau élémentaire)*
- *Quiz (niveau avancé)*
- *Bingo*

bieten zum einen das Spielmaterial (Karten bzw. Bingospielblatt) und zum anderen Unterstützungsangebote. Die Karten müssen vorab ausgeschnitten und das Bingospielblatt muss für alle Schüler kopiert werden. Diese *Activités brise-glace* können spezifisch auf die Aufgaben zugeschnitten werden, indem die Schüler selbst die Karten zu einem vorab bekannt gegebenen thematischen Schwerpunkt erstellen. Die Karten können anschließend eingesammelt und dann mit der Gesamtklasse genutzt werden.

Die Übungen, die anschließend aufgelistet sind, verstehen sich als Anleitungen für die Lehrkraft, wobei diese auch den Schülern gezeigt bzw. an sie ausgeteilt werden können und die dazugehörigen Unterstützungen direkt genutzt werden können. Alternativ könnten diese auch an die Tafel geschrieben werden bzw. auf einem Overheadprojektor gezeigt werden. Insbesondere eignen sich diese Übungen dazu, auf die folgenden komplexeren Aufgabenformate einzustimmen.

Aujourd'hui, je suis...

1, 3, 9

Activité : Raconte à ton partenaire comment tu te sens aujourd'hui...

content(e)

triste

excité(e)

fatigué(e)

furieux(se)

énervé(e)

Exemple de dialogue :

A : Je suis vraiment stressé.
B : Pourquoi ?
A : On a un examen de maths aujourd'hui et je n'ai pas suffisamment étudié.
B : Oh non ! J'ai complètement oublié qu'on a un examen aujourd'hui !
A : Es-tu stressé aussi ?
B : Oui, je panique même !
A : Qu'est-ce qu'on peut faire ?
B : Je crains qu'il n'y ait rien à faire.
A : D'accord. On y va alors.

Cet après-midi, je voudrais...

Activité : Raconte à ton partenaire ce que tu aimerais faire cet après-midi.

jouer au foot

faire du vélo

faire les magasins (*Qc : magasiner) avec des amis

étudier pour un examen

regarder la télé

lire un livre

Exemple de dialogue :

A : Qu'est-ce que tu veux faire cet après-midi ?
B : J'aimerais aller faire les magasins.
A : Qu'est-ce que tu aimerais acheter ?
B : Je dois acheter un nouveau maillot de bain pour les grandes vacances.
A : Cool. Moi aussi, je voudrais aller voir les maillots à la mode cette saison.
B : On pourrait y aller ensemble.
A : D'accord. À quelle heure ?
B : À 3 heures ?
A : Parfait. À plus tard !

C'est mon sport préféré...

Activité : Regarde la liste. Parle à ton partenaire de ton sport préféré.

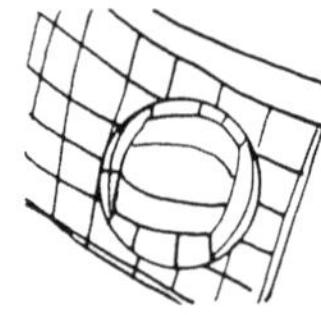

jouer au foot
jouer au tennis
jouer au basket
jouer au volley

nager
faire de l'escalade/grimper

faire de la randonnée
faire du jogging
faire de l'équitation

Exemple de dialogue :

A : Quel est ton sport préféré ? Jouer au foot ?
B : Non, pas vraiment. Je préfère jouer au basket.
A : Pourquoi aimes-tu jouer au basket ?
B : Parce que je suis grand et rapide. Je pense que ça aide énormément.
A : Cool. Je n'ai jamais joué au basket.
B : C'est pas vrai ! Viens avec moi, on joue vendredi prochain.
A : D'accord.
B : Parfait !
A : À vendredi alors.

La météo du jour...

Activité : Parle à ton partenaire du temps qu'il fait aujourd'hui. Explique aussi quels vêtements tu voudrais porter et quelle(s) activité(s) tu aimerais faire.

Aujourd'hui, il (ne) fait (pas)...
beau/froid/chaud.

Le ciel est gris/bleu.
Le soleil (ne) brille (pas).
Il (ne) pleut (pas).
Il fait 20 degrés.
Il y a des nuages.

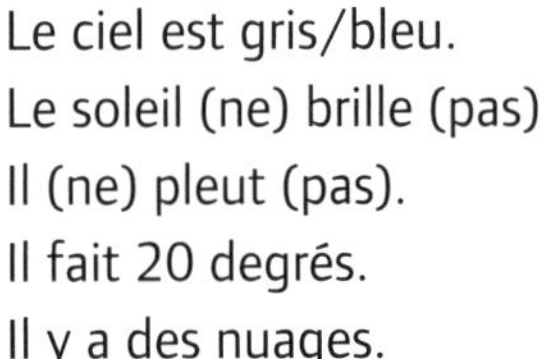

Exemple de dialogue :

A : J'aimerais faire du vélo aujourd'hui. Est-ce que tu sais s'il va faire beau cet après-midi ?
B : Bonne idée ! Je pense qu'il va faire très beau. Le ciel est bleu, le soleil brille et il n'y a pas de nuages.
A : Génial. Il va faire chaud ?
B : Je ne suis pas certain mais je pense qu'il va faire à peu près 25 degrés.
A : J'ai envie d'aller nager au lac.
B : Génial, je viens avec toi !
A : D'accord.

© 2019 Cornelsen Verlag GmbH. Alle Rechte vorbehalten. Die Vervielfältigung dieser Seite ist für den eigenen Unterrichtsgebrauch gestattet.
Nutzung sämtlicher Inhalte nur im Rahmen dieser Vorlage.
Schuett/Verrière/Verrière · Binnendifferenzierte Sprechanlässe im Französisch-Unterricht. Illustration: Dorina Tessmann;
Französische Flagge: Shutterstock/artnLera; Illustrationen Fußzeile: Shutterstock/Rvector

Quiz (niveau élémentaire) : Faire deviner les mots

Activité :

Faites deux équipes.

Choisissez une personne dans chaque équipe. Cette personne doit expliquer le mot en caractères gras aux autres membres de l'équipe.

Variante 1 : Vous pouvez utiliser les mots sur la carte sauf le mot en caractères gras.

Variante 2 : Vous n'avez pas le droit d'utiliser les mots sur la carte.

Variante 3 : Vous gagnez deux points si vous pouvez expliquer le mot en caractères gras sans utiliser les autres mots sur la carte. Vous gagnez un point si vous utilisez les autres mots sur la carte.

Décidez avec quelle variante vous allez jouer avant de commencer. Votre équipe a le droit de poser des questions, mais la réponse doit être « oui » ou « non », sans explication complémentaire.

Quand un membre de l'équipe devine le mot, vous continuez avec la carte suivante.

Pour aller plus loin : Imaginez de nouvelles cartes vous-mêmes et jouez encore une fois.

stylo (m) écrire qc collège (m)	**vache (f)** lait (m) herbe (f)	**magazine (m)** lire qc image (f)
frites (f/pl) pommes de terre (f/pl) ketchup (m)	**Paris** capitale (f) France (f)	**dormir** lit (m) nuit (f)
livre (m) lire qc mots (m/pl)	**jus (m)** pomme (f) orange (f)	**faire des courses** argent (m) acheter qc
baguette (f) pain (m) boulangerie (f)	**fromage (m)** camembert (m) pizza (f)	**mode (f)** vêtement (m) top-model (m)
banane (f) fruit (m) jaune	**pâtes (f/pl)** spaghettis (m/pl) manger	**chien (m)** animal (m) chat (m)

Atlantique (m) mer (f) plage (f)	**Pyrénées (m/pl)** montagnes (f/pl) Espagne (f)	**Canada** Ottawa pays (m)
café (m) tasse (f) noir	**croissant (m)** matin (m) petit-déjeuner (m)	**confiture (f)** fraise (f) pain (m)
pain au chocolat (m) croissant (m) petit-déjeuner (m)	**faire du ski** montagnes (f/pl) hiver (m)	**nager** mer (f) piscine (f)
ping-pong (m) tennis (m) raquette (f)	**jouer au foot** sport (m) ballon (m)	**courir** vite jogging (m)
famille (f) mère (f) père (m)	**voler** oiseau (m) ciel (m)	**jardin (m)** fleur (f) vert

Aide de langue 

Décrire la catégorie	C'est qc à manger/à faire/pour jouer. Ça a un rapport avec… C'est un adjectif/nom/verbe. Il faut trouver un mot/deux/trois mots. C'est une personne/une chose/un animal/ une activité.	**Décrire le mot**	Il/elle/ça ressemble à… Il/elle/c'est grand(e), petit(e), rond(e), transparent(e)… C'est le contraire de… Il/elle/ça se trouve à/dans…

© 2019 Cornelsen Verlag GmbH. Alle Rechte vorbehalten. Die Vervielfältigung dieser Seite ist für den eigenen Unterrichtsgebrauch gestattet. Nutzung sämtlicher Inhalte nur im Rahmen dieser Vorlage. Schuett/Verrière/Verrière · Binnendifferenzierte Sprechanlässe im Französisch-Unterricht. Illustration: Dorina Tessmann; Französische Flagge: Shutterstock/artnLera; Illustrationen Fußzeile: Shutterstock/Rvector

Quiz (niveau avancé) : Faire deviner les mots

Activité :
Faites deux équipes.
Choisissez une personne dans chaque équipe. Cette personne doit expliquer le mot en caractères gras aux autres membres de l'équipe.

Variante 1 : Vous pouvez utiliser les mots sur la carte sauf le mot en caractères gras.
Variante 2 : Vous n'avez pas le droit d'utiliser les mots sur la carte.
Variante 3 : Vous gagnez deux points si vous pouvez expliquer le mot en caractères gras sans utiliser les autres mots sur la carte. Vous gagnez un point si vous utilisez les autres mots sur la carte.

Décidez avec quelle variante vous allez jouer avant de commencer. Votre équipe a le droit de poser des questions, mais la réponse doit être « oui » ou « non », sans explication complémentaire.
Quand un membre de l'équipe devine le mot, vous continuez avec la carte suivante.
Pour aller plus loin : Imaginez de nouvelles cartes vous-mêmes et jouez encore une fois.

Pâques (pl) œuf (m) jour férié (m) lapin (m)	**pluie (f)** froid(e) humide eau (f)	**mal (m) de dents (f/pl)** bouche (f) manger dentiste
cuisiner casserole (f) four (m) chaud(e)	**eau minérale (f)** eau gazeuse (f) boire bouteille (f)	**lave-vaisselle (m)** propre assiette (f) verre (m)
aspirateur (m) sale tapis (m) sol (m)	**éclair (m)** tonnerre (m) ciel (m) lumière (f)	**printemps (m)** hiver (m) automne (m) saison (f)
mal (m) de tête (f) médicaments (m/pl) malade migraine (f)	**gâteau (m)** œufs (m/pl) anniversaire (m) sucré	**pomme de terre (f)** rond(e) légume (m) frites (f/pl)
pomme (f) poire (f) orange (f) arbre (m)	**bras cassé (m)** accident (m) médecin (m) plâtre (m)	**aubergine (f)** légume (m) violet courgette (f)

machine à laver (f) vêtements (m/pl) propre mouillé	**Fête nationale (f)** 14 juillet La prise de la Bastille France (f)	**concombre (m)** vert(e) légume (m) long(ue)
moule (f) coquilles (f/pl) repas (m) mer (f)	**brouillard (m)** pluie (f) voir gris	**Côte d'Azur (f)** vacances (f/pl) sud (m) plage (f)
Montréal Québec (m) Canada (m) ville (f)	**Québec** province (f) Canada (m) francophone	**Suisse (f)** fromage (m) pays (m) chocolat (m)
Belgique (f) pays (m) flamand français	**Congo (m)** pays (m) Afrique français	**crêpe (f)** nourriture (f) plat(e) manger

© 2019 Cornelsen Verlag GmbH. Alle Rechte vorbehalten. Die Vervielfältigung dieser Seite ist für den eigenen Unterrichtsgebrauch gestattet. Nutzung sämtlicher Inhalte nur im Rahmen dieser Vorlage.
Schuett/Verrière/Verrière · Binnendifferenzierte Sprechanlässe im Französisch-Unterricht. Illustration: Dorina Tessmann; Französische Flagge: Shutterstock/artnLera, Illustrationen Fußzeile: Shutterstock/Rvector

Aide de langue 

Décrire la catégorie	C'est qc à manger/à faire/pour jouer Ça a un rapport avec… C'est un adjectif/nom/verbe Il faut trouver un mot/deux/trois mots… C'est une personne/une chose/un animal/ une activité…	**Décrire le mot**	Il/elle/ça ressemble à… Il/elle/c'est grand(e), petit(e), rond(e), transparent(e)… C'est le contraire de… Il/elle/ça se trouve à/dans…

Bingo

Activité :

Prends une grille de bingo.

Marche dans la salle de classe. Le but est de trouver quelqu'un qui peut répondre à une question par « oui ». Note le nom de l'élève qui a répondu « oui » sur la grille. Tu n'as le droit de noter un nom qu'une seule fois. Si tu as complété une ligne ou une diagonale, tu peux crier « Bingo ! ».

Il est important de poser des questions complètes. Lorsque tu réponds, essaie d'ajouter des informations complémentaires. Par exemple : « Oui, j'aime bien lire. Je lis souvent des romans. »

✂--

Aimes-tu…?

nager	lire	les animaux	ranger ta chambre
dormir	le sport	regarder la télé	parler anglais
jouer de la guitare	boire du thé	les mathématiques	faire du vélo
parler français	écrire des lettres	dessiner	manger du poisson

✂--

Aimes-tu lire ?	Connais-tu le ou la président(e) de la France ?	Sais-tu quelle(s) langue(s) on parle au Québec ?	Connais-tu la capitale de la province du Québec ?
Manges-tu de la viande ?	Aimes-tu chanter ?	Regardes-tu des séries télé ?	Aimes-tu apprendre tes leçons ?
Prends-tu le bus pour aller au collège ?	Fais-tu tes devoirs ?	Fais-tu du sport ?	Connais-tu la date de la fête nationale française ?
Sais-tu combien de langues on parle en Suisse ?	Sais-tu combien de langues on parle en Belgique ?	As-tu des frères et sœurs ?	Aimes-tu cuisiner ?

© 2019 Cornelsen Verlag GmbH. Alle Rechte vorbehalten. Die Vervielfältigung dieser Seite ist für den eigenen Unterrichtsgebrauch gestattet. Nutzung sämtlicher Inhalte nur im Rahmen dieser Vorlage. Schuett/Verrière/Verrière · Binnendifferenzierte Sprechanlässe im Französisch-Unterricht. Französische Flagge: Shutterstock/artnLera; Illustrationen Fußzeile: Shutterstock/Rvector

Chaîne de mots

Instructions :
Un élève commence ; il dit un mot de son choix. Le voisin à gauche dit un mot qui le fait penser au mot précédent et il explique son choix.

Aide de langue : 

- J'ai choisi ce mot parce que…
- Je pense à… parce que…
- Le mot me fait penser à…
- Le mot ressemble à…

Alternatives :
- Il n'y pas d'ordre prévu. Après avoir présenté un mot, les élèves choisissent le candidat suivant qui doit penser à un mot.
- Il est possible de se limiter à certaines catégories de mots (nom, verbe, adjectif) ou à des thèmes (nourriture, sports, activités, peurs, vacances…).

Présentations en 30 secondes

Instructions :
Le professeur distribue deux morceaux de papier à chaque élève. Ils doivent écrire un mot par morceau de papier. Le professeur récupère toutes les feuilles dans un sac, puis, chaque élève tire une feuille et parle du mot sur la feuille pendant 30 secondes.

Aide de langue : 

- Moi, j'ai tiré le mot…
- Quand je pense à ce mot, je me sens…
- J'(Je) (n')aime (pas) ce mot parce que…

Alternatives :
- Il est possible de se limiter à certaines catégories de mots (nom, verbe, adjectif) ou à des thèmes (nourriture, sports, activités, peurs, vacances…).
- Le temps de présentation (30 secondes) peut être adapté.

Conversation A–B

Instructions :
Le professeur choisit quatre images liées au sujet de la leçon. Il les montre avec un rétroprojecteur ou un vidéoprojecteur. Les élèves travaillent en équipes de deux. Les équipes se trouvent en face l'une de l'autre, et un des élèves regarde la surface de projection tandis que l'autre élève regarde dans la direction opposée. L'élève A commence à décrire l'image, l'élève B l'écoute, puis ils changent leurs rôles. Il est possible de demander à l'élève qui écoute de dire ce qu'il a compris, en français ou en allemand.

Aide de langue : 

- Je vois… / Sur l'image il y a…
- L'image me fait penser à…

Alternatives :
- À la place des images, le professeur peut montrer des mots ou des phrases.
- Le professeur montre des images très similaires ; la description doit être très précise pour que l'élève qui écoute soit capable de découvrir les différents détails.

Speed dating

Instructions :
Les élèves se déplacent librement dans la salle de classe. Le professeur attire l'attention des élèves par un signal (taper dans ses mains ou siffler). Les élèves forment une équipe avec le camarade le plus proche. Le professeur annonce ensuite un sujet. Les élèvent ont à peu près une minute pour échanger leurs idées concernant ce sujet. Le professeur les interrompt et les élèves se remettent à se déplacer dans la classe. Au signal suivant, ils trouvent un nouveau partenaire et le professeur annonce un nouveau sujet. Le processus peut être répété autant de fois que souhaité.

Sujets possibles :
- Le week-end dernier (*Qc : fin de semaine)
- Qc de drôle
- Film préféré
- Musique préférée des parents
- Meilleures vacances
- Meilleurs rêves
- Cauchemars horribles
- Si j'avais un million d'euros, je...
- Si j'avais un pouvoir magique, je...
- Si j'étais un animal, je serais...

Les sujets peuvent être choisis pour travailler avec différents temps et modes (présent, futur, passé, conditionnel...), avec différentes catégories de mots (nom, verbe, adjectif) ou avec des thèmes spéciaux (nourriture, sports, activités...).

Alternatives :
- Influencer le choix du partenaire, par exemple : « Parle avec qn avec qui tu n'as pas encore parlé aujourd'hui ».
- Au lieu de se déplacer librement, les élèves forment deux cercles (voir page 16).
- Les élèvent choisissent les sujets.

La dernière lettre

Instructions :
Le professeur note le sujet au tableau. Les élèves doivent trouver un mot qui commence avec la dernière lettre du mot ecrit au tableau et le nouveau mot doit correspondre au sujet. Le professeur écrit le nouveau mot au tableau et le processus continue. Après avoir rassemblé plusieurs mots au tableau, le professeur demande aux élèves d'expliquer le rapport entre tous les mots.

Aide de langue : 

Sujet « les animaux domestiques » :
- « serpent » ; le mot suivant est : « tortue » ; le mot suivant est : « écureuil »

Explication :
- J'aimerais avoir un serpent. J'ai déjà une tortue qui s'appelle Caroline, mais j'ai peur que mon serpent mange les écureuils dans notre jardin...

Alternatives :
- Les élèves peuvent travailler en équipes et présenter ensuite leurs phrases aux autres.
- Les élèves peuvent raconter de petites histoires avec autant de mots que possible.

Deux cercles

Instructions :
Les élèves forment deux cercles, un cercle intérieur et un cercle extérieur. Les élèves des deux cercles sont debout et se font face. Le professeur annonce un sujet ou pose une question – selon le niveau des élèves. Les partenaires doivent discuter ensemble sur le sujet ou répondre à la question en une minute. Les élèves du cercle intérieur commencent, puis, par la suite, les élèves du cercle extérieur répètent l'information la plus importante. Les partenaires échangent ensuite leurs rôles. Les élèves du cercle extérieur se déplacent vers la droite et ont ainsi un nouveau partenaire.

Exemple : Le sujet est « moyen de transport »
- Prends-tu le bus pour aller au collège ?
- Préfères-tu voyager en train, en bus ou en voiture (*Qc : char) ? Pourquoi ?
- Commentez : prendre le vélo est le meilleur moyen de transport pour l'environnement.

Mind-Maps

Instructions :
Le professeur fait une carte heuristique au tableau avec les élèves. Alternative : les élèves peuvent produire une carte heuristique en équipes. Il y a un sujet principal et les élèves doivent trouver des sous-thèmes. Cette façon de travailler est très utile pour activer les connaissances antérieures des élèves qui bénéficieront de cette méthode de travail s'ils ne connaissent pas bien le sujet en question : ils ont des idées et du vocabulaire nouveau qui leur permet de participer en classe.

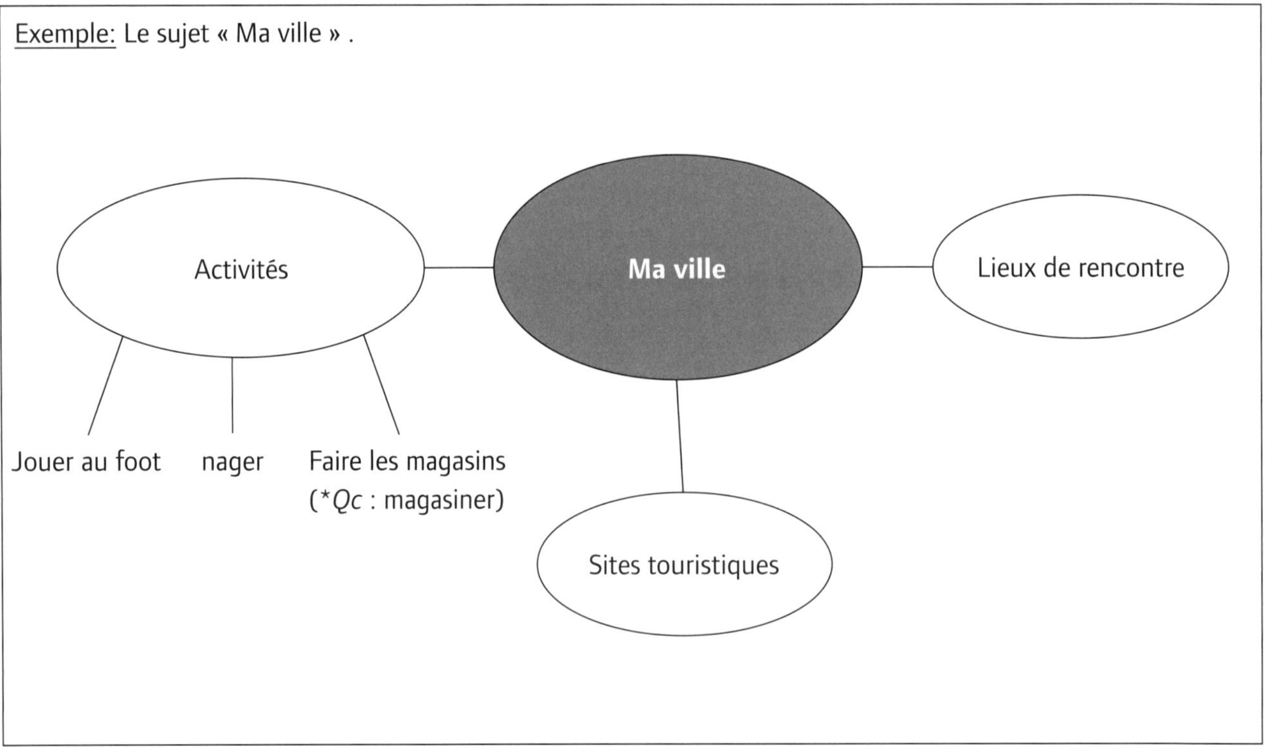

Méli-mélo de phrases : Conversation téléphonique – à la piscine

Activité :

Travaillez en équipes de deux.

1. Mettez les phrases dans l'ordre pour produire une conversation téléphonique. Commencez avec les répliques A1 et B1.
2. Lisez la conversation.
3. Écrivez une nouvelle conversation qui contient au moins quatre phrases du dialogue ci-dessous.
4. Présentez/jouez la conversation devant la classe. Attention, il s'agit d'une conversation téléphonique : parlez-vous en plaçant deux chaises dos à dos.

Élève A	Élève B
A1 : Comment ça va ?	B1 : Très bien. Et toi ?
A : La piscine à côté du collège ?	B : Je vais à la piscine.
A : Ça va bien, merci. Qu'est-ce que tu fais aujourd'hui après le collège ?	B : Exactement.
A : Parfait. À plus tard.	B : Je voudrais aller nager.
A : Où est-ce que tu fais de la natation ?	B : Ça va être super ! À plus tard.
A : Oui, ça serait cool. À quelle heure ?	B : Vers 4 heures ?
A : Parfait.	B : Tu veux venir avec moi ?

Méli-mélo de phrases : Conversation téléphonique – la télévision

Activité :

Travaillez en équipes de deux.

1. Mettez les phrases dans l'ordre pour produire une conversation téléphonique. Commencez avec les répliques A1 et B1.
2. Lisez la conversation.
3. Écrivez une nouvelle conversation qui contient au moins quatre phrases de la conversation ci-dessous.
4. Présentez/jouez la conversation devant la classe. Attention, il s'agit d'une conversation téléphonique : parlez-vous en plaçant deux chaises dos à dos.

© 2019 Cornelsen Verlag GmbH. Alle Rechte vorbehalten. Die Vervielfältigung dieser Seite ist für den eigenen Unterrichtsgebrauch gestattet. Nutzung sämtlicher Inhalte nur im Rahmen dieser Vorlage. Schuett/Verrière/Verrière · Binnendifferenzierte Sprechanlässe im Französisch-Unterricht. Französische Flagge: Shutterstock/artnLera; Illustrationen Fußzeile: Shutterstock/Rvector

Élève A	Élève B
A1 : Comment ça va ?	B1 : Ça va, mais je m'ennuie.
A : Parfait. Dans 15 minutes ?	B : Normalement, j'aime bien regarder les séries télé.
A : Une série nulle.	B : Moi aussi. Tu veux qu'on se retrouve au parc ?
A : Moi aussi. Je suis en train de regarder la télé.	B : D'accord. Tu prends ton vélo ?
A : Oui, c'est mieux que regarder la télé tout l'après-midi.	B : Génial. À plus.
A : Oui, comme ça, on pourrait aussi aller manger une glace .	B : Qu'est-ce que tu regardes ?
A : Moi aussi, mais j'aimerais faire quelque chose dehors.	B : C'est vrai. À plus (**Qc* : tantôt) alors ?

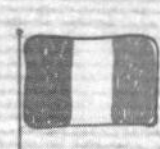

Monologue-minute

Préparation : En groupe-classe, rassemblez des sujets de discussion et notez-les sur les cartes à compléter ci-dessous. Découpez ensuite les cartes. Formez des équipes de trois élèves.

Activité :

- Chaque élève tire une carte et parle du thème **(en caractères gras)** pendant une minute. Les élèves peuvent donner leur opinion sur le sujet ou simplement dire tout ce qu'ils savent, en lien avec le sujet. Ils peuvent utiliser ou non les mots sur les cartes. Si les élèves ne savent pas quoi dire, ils tirent une autre carte.
- Chaque élève doit présenter un sujet, chacun à son tour. Pendant qu'un élève de l'équipe présente le thème, l'autre surveille le temps. Le troisième élève doit résumer les points principaux après le monologue.

smoothies (m/pl) fruits (m/pl) santé (f) régime (m)	**végétalien** santé (f) populaire produits (m/pl) d'origine (f) animale	**Europe** pays (m) cultures (f/pl) langues (f/pl)
réseaux (m/pl) sociaux amis (m/pl) contact (m) partager	**uniforme (m) scolaire** individualisme (m) harcèlement (m) apparence (f)	**permis (m) de conduire** liberté (f) cher voiture (f)
smartphone (m) application (f) internet (m) intelligent	**conduire** voiture (f) moyen (m) de transport pollution (f)	**harcèlement (m)** dangereux seul groupe (m)
interdiction (f) des portables (m/pl) école (f) distraction (f) utile	**voyage scolaire (m)** destination (f) plaisir (m) équipe (f)	**famille (f)** important frères (m/pl) et sœurs (f/pl) sécurité (f)

Description de l'image

Activité :
Les élèves travaillent en binômes et observent l'image. Ils décrivent une personne, une chose, un animal (forme, couleur, utilisation…) sans donner trop de détails. Il est interdit de montrer ou de nommer la personne/chose ou l'animal. Lorsque le partenaire a deviné la personne/chose ou l'animal en question, les élèves échangent les rôles.

Au parc

Au zoo

© 2019 Cornelsen Verlag GmbH. Alle Rechte vorbehalten. Die Vervielfältigung dieser Seite ist für den eigenen Unterrichtsgebrauch gestattet. Nutzung sämtlicher Inhalte nur im Rahmen dieser Vorlage.
Schuett/Verrière/Verrière · Binnendifferenzierte Sprechanlässe im Französisch-Unterricht. Illustration: Dorina Tessmann; Französische Flagge: Shutterstock/artnLera; Illustrationen Fußzeile: Shutterstock/Rvector

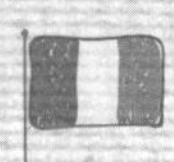

Dialogisches Sprechen: *Jeux de rôle*

Beim dialogischen Sprechen geht es darum, die Schüler zur mündlichen Interaktion anzuregen. Hierzu eignen sich die *Activités brise-glace* (s. S. 6 ff.) und die nachfolgenden *Jeux de rôle*.

Die *Jeux de rôle* können folgendermaßen binnendifferenziert werden:
Die Schüler können

- die *Jeux de rôle* (schriftlich) detailliert vorbereiten und dann vorspielen oder, basierend auf dem Material, relativ spontan in Interaktion treten;
- Unterstützungskarten (siehe Rucksacksymbol) nutzen;
- sich streng oder flexibel an die Vorgaben der Aufgabenstellungen halten und so ihre individuellen Schwerpunkte setzen;
- die Aufgaben aufgrund ihrer sprachlichen Kenntnissen qualitativ und quantitativ unterschiedlich ausgestalten;
- sich in der Gruppenerarbeitung gegenseitig unterstützen – so können leistungsschwächere Schüler von leistungsstärkeren lernen bzw. leistungsstärkere Schüler durch ihre Tutorenrolle profitieren; wichtig hierbei ist, dass Arbeitsprozesse reflektiert werden (siehe einzelne Aufgaben und/oder Reflexionsbögen ab S. 61), damit ein Lernprozess bei allen Schülern nachhaltig stattfinden kann.

Die erarbeiteten Dialoge können je nach Bedarf bzw. Vorliebe frei vor der Klasse vorgetragen, in Kleingruppen oder Partnerarbeit präsentiert oder auch als Audio- oder Videoaufnahmen aufgenommen werden. Durch die Kleingruppen- bzw. Partnerarbeit und die elektronischen Aufnahmen könnten Schüler entlastet werden, die sich scheuen, frei vor der Klasse zu sprechen. Außerdem können Audio- und Videomaterialien im Anschluss genauer durchforstet und so zum Beispiel grammatikalische Fehler oder Fehler in der Aussprache analysiert werden.
Bei diversen Aufgaben ist außerdem eine **Activité complémentaire** integriert, die eine Weiterarbeit an dem Thema schriftlich oder mündlich ermöglicht.

Insgesamt kann und muss davon ausgegangen werden, dass, insbesondere in unteren Jahrgängen, sich Lernende in der Erarbeitung der *Jeux de rôle* zunächst zurückhalten bzw. auf Deutsch miteinander kommunizieren. Es ist eine hohe Kompetenz, metasprachlich einen Dialog zu planen. Ziel ist es, die Lernenden langsam an die französischsprachige Interaktion untereinander heranzuführen, indem beispielsweise die Unterstützungskarten *Expression de l'opinion* (Rucksack 1 und 2, S. 49) frühzeitig thematisiert werden.

Im Anschluss bieten die Bewertungs- und Reflexionsbögen (s. S. 61 ff.) den Lehrenden und Lernenden Unterstützung bei der Reflexion der *Jeux de rôle*. Dabei können sprachliche und gruppendynamische Prozesse in den Blick genommen werden

Jeu de rôle : Chez le docteur

Situation :

Samir est avec sa famille à Bordeaux pendant les grandes vacances. Il tombe malade et doit aller chez le docteur. Sa maman ne parle pas français, et Samir doit l'aider à communiquer avec le docteur. Vous pouvez utiliser les informations du tableau mais soyez aussi créatifs !

Samir	La maman de Samir	Dr. Savamieu
• a de fortes douleurs. • explique au docteur et à sa mère ce qu'il a/ce qu'il s'est passé.	• se fait du soucis pour Samir. • ne parle pas français, seulement sa langue maternelle.	• est très sympa. • pose beaucoup de questions. • donne beaucoup d'explications.

Exercice : travail en groupe (niveau élémentaire)

1. Choisissez un rôle. **Écrivez** le **dialogue** entre Samir, sa maman et le docteur.
   - Qu'a Samir ? Que s'est-il passé ?
   - Que dit le docteur ?
2. **Lisez** le **dialogue devant** la classe.

Exercice : travail en groupe (niveau avancé)

1. Choisissez un rôle. **Préparez** un **dialogue** entre Samir, sa maman et le docteur.
   - Qu'a Samir ? Que s'est-il passé ?
   - Quel est le diagnostic du docteur ? Quels conseils donne-t-il ?
2. **Jouez** le **dialogue devant** la classe. Parlez librement.

-------------------- Plier le long des pointillés --------------------

Symptômes	• J'ai (je n'ai pas) mal à la jambe (f)/au bras (m)/à la gorge (f)/aux dents (f/pl)…
	• J'ai eu un accident…
	• J'ai des douleurs à la jambe (f)/au bras (m)/aux genoux (m/pl)…
	• Je me sens mal depuis une semaine/plusieurs jours…
	• J'ai envie de vomir…
	• J'ai de la fièvre (f)/des vertiges (m/pl)…
		• Je me sens…
		  • en pleine forme.
		  • bien.
		  • faible.
		  • fatigué.
		  • mal.

Diagnostic	• C'est…/Ce n'est pas… une bronchite. • Ta jambe/ton bras (n') est (pas) cassé(e). • C'est…/Ce n'est pas… une grippe. • C'est…/Ce n'est pas… un rhume.	• Tu as de la fièvre/Tu n'as pas de fièvre. • C' (ce n') est (pas) contagieux. • Tu (n') es (pas) en bonne santé.
Conseils	• Tu dois te reposer. • Tu dois dormir beaucoup. • Tu dois prendre des médicaments/ Tu n'as pas besoin de médicaments. • Je vais te prescrire…	• Tu (ne) peux (pas) aller au collège. • Tu (ne) peux (pas) rester en contact avec d'autres personnes. • Tu dois prendre des vitamines.

Jeu de rôle : Animaux de compagnie

Situation :

Benoît, Pauline et leur père veulent avoir un animal de compagnie, chacun pour des raisons différentes. Vous pouvez utiliser les informations du tableau mais soyez aussi créatifs !

<u>Benoît</u>	<u>Pauline</u>	<u>Père</u>
• veut jouer avec l'animal. • n'aime pas nettoyer les saletés des animaux. • n'a pas beaucoup de temps pour s'occuper de l'animal.	• veut un animal avec un pelage doux. • aime caresser les animaux. • veut bien s'occuper de la propreté de l'animal.	• veut un animal qui ne fait pas beaucoup de saletés. • veut un animal qui plait à Pauline et à Benoît.

Exercice : travail en groupe (niveau élémentaire)

1. **Écrivez** un **dialogue** dans lequel Benoît, Pauline et leur père parlent d'adopter un animal de compagnie.
   - Qui veut quel animal ?
   - Arrivent-ils à trouver un compromis ?
2. **Lisez** le **dialogue** devant la classe.

Exercice : travail en groupe (niveau avancé)

1. **Préparez** un **dialogue** dans lequel Benoît, Pauline et leur père parlent d'adopter un animal de compagnie.
   - Qui veut quel animal ?
   - Arrivent-ils à trouver un compromis ?
   - Décrivez l'animal qu'ils veulent (adjectifs/adverbes).
2. **Jouez** le **dialogue** devant la classe. Parlez librement.

Activité complémentaire : Imaginez d'abord votre animal de compagnie idéal. Dessinez l'animal puis décrivez-le. Répondez aux questions suivantes : à quoi ressemble-t-il ? de quelle couleur est-il ? quelle est sa taille ? que mange-t-il ? que peut-on faire avec cet animal ? faut-il s'en occuper beaucoup ? quel nom lui donneriez-vous ? Présentez votre animal idéal à vos camarades en petits groupes.

Devinette : Décrivez un animal de compagnie sans dire son nom : les autres élèves doivent deviner de quel animal il s'agit. Pour cela vous donnez des indices (description physique, nourriture…). Attention : donnez d'abord les indices les plus difficiles, gardez les indices faciles pour la fin de la devinette. La personne qui a trouvé la solution doit ensuite donner sa devinette.

	*Paddy (un petit chien)* • *a un an.* • *est intelligent et sympa.* • *est un peu gros.* • *n'aime pas être seul.*	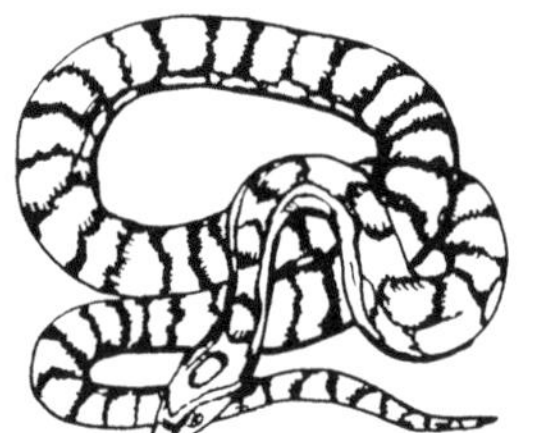	*Charlie (un serpent)* • *est petit.* • *est très calme.* • *l'aquarium doit être nettoyé régulièrement.* • *mange des souris.*
	*Leo (un cochon d'Inde)* • *a deux ans.* • *vit dans une cage.* • *on peut jouer avec lui.* • *a un pelage long et doux.*		*Orange (un lapin)* • *aime les carottes.* • *est timide.* • *a besoin de calme.* • *a peur des gens.*
 	*Miaou (un chat)* • *court beaucoup.* • *dort sur le canapé.* • *aime aller dans le jardin.* • *déteste les chiens.*		*Blaise (un rat)* • *deux ans.* • *intelligent.* • *mange de tout.* • *on peut le dresser, lui apprendre des tours.*

Jeu de rôle : Nouveau vélo

Situation :

Océane attend son anniversaire avec impatience. Elle aimerait avoir un nouveau vélo et en parle avec ses parents qui ne sont pas très enthousiastes. Voici ce que pensent Océane et ses parents. Vous pouvez utiliser les informations du tableau mais soyez aussi créatifs !

Océane	Mère	Père
• trouve que son vélo est trop vieux. • veut aller à l'école à vélo avec sa copine Capucine.	• pense que c'est dangereux d'aller à l'école à vélo. • trouve que le vélo d'Océane fonctionne très bien.	• veut économiser de l'argent. • pense que c'est une bonne idée qu'Océane aille (! subjonctif : boîte à outils n° 1 & 8) à l'école toute seule.

Exercice : travail en groupe (niveau élémentaire)

1. **Écrivez** un **dialogue** dans lequel Océane et ses parents parlent du nouveau vélo.
   - Arrivent-ils à trouver un compromis ?
2. **Lisez** le **dialogue** devant la classe.

Exercice : travail en groupe (niveau avancé)

1. **Préparez** un **dialogue** dans lequel Océane et ses parents parlent du nouveau vélo.
   - Décrivez le vélo idéal d'Océane.
   - Arrivent-ils à trouver un compromis ?
2. **Jouez** le **dialogue** devant la classe. Parlez librement.

Activité complémentaire : Imaginez votre vélo idéal. Utilisez un dictionnaire pour trouver le vocabulaire approprié. Présentez et décrivez votre vélo idéal à vos camarades.

Imaginez un moyen de transport de rêve, vous pouvez être très créatifs ! Exemple : Le moyen de transport idéal serait très rapide et permettrait d'aller à Hawai en 3 minutes.../Le moyen de transport serait grand et rouge, il ressemblerait à une fusée, il y aurait beaucoup de place pour tous les élèves de ma classe, il y aurait une douche pour qu'on n'ait pas trop chaud...

Jeu de rôle : Prendre rendez-vous

Situation :

Anne, Nicolas et Nordine doivent préparer un exposé pour le cours de français. Il ne reste qu'une semaine et ils essaient de trouver un rendez-vous. Quand peuvent-ils se retrouver ?

<u>Anne</u>	<u>Nicolas</u>	<u>Nordine</u>
• joue au foot le lundi de 14h30 à 16h. • a souvent un match le samedi ou le dimanche. • a cours jusqu'à 14h30 le mercredi.	• prend des cours de guitare. • s'entraîne chaque jour, après les cours, pendant une heure. • aime jouer à la console le vendredi et le samedi.	• doit surveiller son frère jusqu'à 16h, tous les jours après les cours. • a entraînement de natation le lundi et le mercredi. • prend des cours particuliers de maths le mardi soir.

Exercice : travail en groupe (niveau élémentaire)

1. **Écrivez** un **dialogue** dans lequel Anne, Nicolas et Nordine comparent leurs emplois du temps et essaient de trouver un compromis.
2. **Lisez** le **dialogue** devant la classe.

Exercice : travail en groupe (niveau avancé)

1. **Préparez** un **dialogue** dans lequel Anne, Nicolas et Nordine comparent leurs emplois du temps et essaient de trouver un compromis.
2. **Jouez** le **dialogue** devant la classe. Parlez librement.

Activité complémentaire : Préparez vos emplois du temps avec vos activités. Expliquez à vos partenaires ce que vous faites normalement pendant la semaine. Essayez ensuite de trouver un rendez-vous.

Devinette : Décrivez l'emploi du temps d'une personne célèbre, sans dire son nom : les autres élèves doivent deviner de quelle personne il s'agit. Pour cela vous donnez des indices (activités professionnelles, rythme de vie, activités sprotives, hobbies...). Attention : donnez d'abord les indices les plus difficiles, gardez les indices faciles pour la fin de la devinette. La personne qui a trouvé la solution doit ensuite donner sa devinette.

Jeu de rôle : Visite de Paris

Situation :

Tobias veut visiter Paris avec ses amis parisiens Vincent et Marie... Ils préparent leur journée. Voici ce qu'ils voudraient faire. Vous pouvez utiliser les informations du tableau mais soyez aussi créatifs !

Vincent	Marie	Tobias
• aime se balader en ville. • veut faire un tour sur la Seine en bateau-mouche.	• est intéressée par l'histoire, elle voudrait voir des musées et visiter des monuments et des sites historiques. • n'aime pas prendre le bateau.	• veut voir la tour Eiffel. • trouve l'histoire de Paris intéressante et voudrait aller à Versailles.

Exercice : travail en groupe (niveau élémentaire)

1. **Écrivez** un **dialogue** dans lequel Vincent, Marie et Tobias organisent leur visite de Paris.
   - Que vont-ils faire ?
   - Dans quel ordre ?
2. **Lisez** le **dialogue** devant la classe.

Exercice : travail en groupe (niveau avancé)

1. **Préparez** un **dialogue** dans lequel Vincent, Marie et Tobias organisent leur visite de Paris.
   - Que vont-ils faire ?
   - Dans quel ordre ?
   - Imaginez les sites touristiques qu'ils peuvent visiter.
2. **Jouez** le **dialogue** devant la classe. Parlez librement.

Activité complémentaire : Après la visite de Paris, les trois amis parlent de leur journée. Préparez un dialogue dans lequel Vincent, Marie et Tobias racontent ce qu'ils ont aimé et ce qu'ils n'ont pas aimé.

Imaginez : Vous organisez un week-end (*Qc : une fin de semaine) de rêve à Paris (activités, personnes présentes, lieux visités...). Le temps est la seule limite alors soyez créatifs ! Ex : Si je pouvais, je passerais mon week-end à visiter Paris avec Omar Sy... (! Utilisez les hypothèses : voir boîte à outils n° 5)

Plier le long des pointillés

<table>
<tr><td>Le bateau-mouche</td><td rowspan="4">Qu'est-ce que tu penses de... ?
Est-ce que tu aimerais... ?</td><td>• La nuit, avec les lumières de Paris, c'est encore plus joli.
• La balade dure environ 1h30.
• La croisière coûte 15 euros par personne minimum.
• On peut voir beaucoup de sites touristiques du bateau (la tour Eiffel, Notre-Dame, le Louvre...).</td><td rowspan="4">Nous pourrions/ nous devrions...

Et si nous allions...

J'aimerais bien.../
Je n'ai pas envie de (d')...</td><td rowspan="4">... voir la vue de la tour Eiffel.
... visiter Paris sous terre.
... faire une croisière en bateau-mouche.
... acheter des souvenirs.
... prendre des photos.
... manger des macarons.
... visiter le château du roi Louis XIV.</td></tr>
<tr><td>La tour Eiffel</td><td>• Elle mesure 300 mètres de haut.
• Du dernier étage, on peut voir toute la ville de Paris.</td></tr>
<tr><td>Le château de Versailles</td><td>• Il y a beaucoup de monde et il faut faire la queue longtemps.
• Il faut prendre le train ou le RER pour y aller.
• On peut acheter les tickets à l'avance sur internet.
• Les jardins sont magnifiques et la visite est gratuite.</td></tr>
<tr><td>Les catacombes</td><td>• C'est un grand cimetière, 20 mètres sous terre.
• Elles sont situées en plein centre de Paris.
• C'est comme un grand labyrinthe.
• Il faut avoir un guide pour visiter les Catacombes.</td></tr>
</table>

Jeu de rôle : Participer à un atelier au collège

Situation :

Tu as décidé, avec tes amis, de t'inscrire dans un atelier au collège. Mais dans quel atelier s'inscrire ?

Exercice 1 : travail en groupe :

Discutez : Quels ateliers (AGs) y-a-t-il dans votre collège ? Quelles informations avez-vous sur ces ateliers ? Avez-vous des idées pour créer un nouvel atelier ? Quels ateliers sont importants pour les collégiens ?

Quel(s) atelier(s) y-a-t-il dans votre collège ?	**Quels ateliers sont importants pour les collégiens ?**
• atelier-théâtre	• pour les collégiens qui sont créatifs
• club de foot	• pour les sportifs qui ont l'esprit d'équipe
• …	• …

Exercice 2 : travail en groupe (niveau élémentaire)

1. **Écrivez** un **dialogue**. Vous parlez des différents ateliers ou clubs et de leurs avantages et inconvénients. À la fin, vous vous mettez d'accord pour vous inscrire dans un club/un atelier.
   - Quels ateliers y-a-t-il ? Quels sont leurs avantages et leurs inconvénients ?
   - Dans quel club ou atelier voulez-vous vous inscrire ?
2. **Lisez** le **dialogue** devant la classe.

Exercice 2 : travail en groupe (niveau avancé)

1. **Préparez** un **dialogue**. Vous parlez des différents ateliers ou clubs et de leurs avantages et inconvénients. À la fin, vous vous mettez d'accord sur un atelier/un club que vous voulez créer.
   - Quels ateliers y-a-t-il ? À votre avis, quels sont leurs avantages et leurs inconvénients ?
   - Dans quel club ou atelier voulez-vous vous inscrire ?
     Voulez-vous créer un club/un atelier ? Décrivez-le.
2. **Jouez** le **dialogue** devant classe. Parlez librement.

Plier le long des pointillés

Phrases utiles	**Vocabulaire important**	
• J'aimerais bien m'inscrire dans un club. • Je n'ai pas envie de m'inscrire dans un atelier.	• travailler en équipe (im Team arbeiten) • le temps libre (Freizeit) • la compétition (Wettkampf)	• s'inscrire dans un club/un atelier • avoir confiance en soi (selbstsicher sein) • un(e) membre (Mitglied)
Phrases utiles	**Phrases utiles**	
• Quelles sont tes forces et tes faiblesses ? • Es-tu (+ adjectif) ambitieux(-se)/aggressif(-ve)/sociable • Rejoins-nous ! Inscrits-toi dans notre équipe !	• Je fais du théâtre dans un atelier-théâtre. • Je joue au foot dans un club de foot. • Je joue aux échecs dans un club d'échecs. • J'(Je n') aime (pas) la compétition/les responsabilités.	Je (ne) suis (pas)... (+ adjectif) • rapide/lent(e). • fort(e)/faible. • intelligent(e). • créatif/créative. • logique. • sûr(e) de moi.

Jeu de rôle : Préparer une fête (fête partie A)

Situation :
Michelle, Sena und Ferit veulent organiser une fête pour les correspondants français. Voici ce qu'ils veulent faire. Vous pouvez utiliser les informations du tableau mais soyez aussi créatifs !

Michelle	Sena	Ferit
• « Je veux faire des jeux. » • « Je peux préparer mon plat préféré. »	• « Je veux danser ! » • « Je veux jouer à des jeux typiquement allemands. »	• « J'aime la musique forte. » • « Je veux faire la fête à l'extérieur. »

Exercice : travail en groupe (niveau élémentaire)
1. **Écrivez** un **dialogue** dans lequel Michelle, Sena et Ferit organisent la fête.
   - Où vont-ils faire la fête ?
   - Quelles activités vont-ils faire ?
2. **Lisez** le **dialogue** devant la classe.

Exercice : travail en groupe (niveau avancé)
1. **Préparez** le **dialogue** dans lequel Michelle, Sena et Ferit organisent la fête.
   - Décrivez le lieu, les activités et la décoration.
   - Trouvez des idées de jeux.
2. **Jouez** le **dialogue** devant la classe. Parlez librement.

Activité complémentaire : Vous organisez une fête pour votre classe. Décidez ensemble ce dont vous avez besoin et ce que vous voulez faire. Résumez vos idées sur une affiche puis présentez votre fête à la classe.
Imaginez : Vous organisez une fête de rêve : vous pouvez choisir le lieu, les invités, les activités… que vous voulez alors soyez créatifs ! Ex : Si je pouvais organiser une fête de rêve, ce serait serait sur un plage aux Seychelles. J'inviterais… (! Utilisez les hypothèses : voir boîte à outils n°5).

---Plier le long des pointillés---

Aide de langue

Lieux	Où pouvons-nous/devrions-nous faire la fête ?	**Nous (ne) devrions (pas) faire la fête…** • chez Sena. • dans le jardin de Michelle. • dans un parc. • dans une salle des fêtes.	**Lieux**
Activités	As-tu une idée ? Qu'est-ce que tu en penses ?/ Qu'est-ce que vous en pensez ?	**Nous (ne) pouvons (pas)… / Nous pourrions… / Je (ne) voudrais (pas)…** • faire un karaoké. • danser sur de la bonne musique. • prendre beaucoup de photos. • cuisiner des plats allemands et français. • regarder un film. • jouer au foot. • faire un pique-nique. • faire des jeux.	**Activités**
Jeux	Qu'est-ce qu'on va faire ?	**On pourrait jouer… / On (ne) devrait (pas) jouer….** • à conséquence ou vérité. • au jeu de la bouteille.	**Jeux**
Décoration	Qu'est-ce que tu veux faire ?/ Qu'est-ce que vous voulez faire ?	**Il faut acheter des… / Nous (n') avons (pas) besoin de (d')…** • ballons, confettis, girlandes, bougies. • assiettes, couverts (fourchettes, couteaux, cuillères), verres.	**Décoration**

Jeu de rôle : Raconter une fête (fête partie B)

Situation :

Michelle, Sena et Ferit ont passé une très bonne soirée. Voici ce qui leur a plu et ce qu'ils n'ont pas trop aimé. Vous pouvez utiliser les informations du tableau mais soyez aussi créatifs !

Michelle	Sena	Ferit
• « J'ai beaucoup aimé le jeu conséquence ou vérité. » • « On a trop dansé et pas assez joué, c'est dommage. »	• « Jouer à conséquence ou vérité était embarrassant. » • « La musique était super ! »	• « La nourriture était très bonne. » • « Le jeu conséquence ou vérité était super, on a bien rigolé. »

Exercice : travail en groupe (niveau élémentaire)

1. **Écrivez** un **dialogue** dans lequel Michelle, Sena et Ferit parlent de la fête.
   - Qu'est-ce qu'ils ont aimé ?
2. **Lisez** le **dialogue** devant la classe.

Exercice : travail en groupe (niveau avancé)

1. **Préparez** un **dialogue** dans lequel Michelle, Sena et Ferit parlent de la fête.
   - Qu'est-ce qu'ils ont aimé ?
   - Qu'est-ce qu'ils n'ont pas aimé ?
2. **Jouez** le **dialogue** devant la classe. Parlez librement.

-------------------- Plier le long des pointillés --------------------

<table>
<tr><td rowspan="2">Lieux</td><td rowspan="8">Qu'est-ce que tu as aimé le plus ?
Qu'est-ce que vous avez aimé le plus ?

Qu'est-ce que tu n'as pas aimé ?
Qu'est-ce que vous n'avez pas aimé ?</td><td colspan="2">J'ai beaucoup aimé / je n'ai pas aimé faire la fête…</td><td rowspan="2">Lieux</td></tr>
<tr><td>• chez Sena.
• dans le jardin de Michelle.</td><td>• dans un parc.
• dans une salle des fêtes.</td></tr>
<tr><td rowspan="2">Activités</td><td colspan="2">J'ai bien aimé / je n'ai pas aimé…</td><td rowspan="2">Activités</td></tr>
<tr><td>• faire un karaoké.
• les glaces.
• faire un album photo.
• faire des jeux.</td><td>• prendre beaucoup de photos.
• danser sur de la bonne musique.
• regarder un film.
• préparer beaucoup de décorations.</td></tr>
<tr><td rowspan="2">Jeux</td><td colspan="2">J'ai trouvé super de… / ça ne m'a pas plu de…</td><td rowspan="2">Jeux</td></tr>
<tr><td colspan="2">(ne pas) jouer à conséquence ou vérité/au jeu de la bouteille.</td></tr>
<tr><td rowspan="2">Décoration</td><td colspan="2">J'ai adoré / j'ai détesté…</td><td rowspan="2">Décoration</td></tr>
<tr><td>• les ballons/les girlandes/les bougies.
• décorer la salle.</td><td>• les costumes.
• le coin-photos.</td></tr>
</table>

Jeu de rôle : Indiquer le chemin

Situation :

Theo, Mats et Paula sont au centre-ville. Ils veulent se balader et manger une glace. Un touriste s'approche d'eux et leur demande, en français, le chemin pour aller à son hôtel. Quel est le meilleur moyen d'aller à l'hôtel ? Vous pouvez utiliser les informations du tableau mais soyez aussi créatifs !

Theo	Mats	Paula
• pense que c'est mieux d'y aller à pieds. • trouve que c'est une jolie balade dans le centre-ville. • « Il y a beaucoup de curiosités touristiques sur le chemin. »	• trouve que c'est mieux de louer un vélo. • pense que c'est bon pour la santé et pour l'environnement. • « Le vélo est le moyen le plus rapide et la plus pratique pour aller à la gare. »	• trouve que le tram est le meilleur moyen de transport. • la ville a un tram en bon état et toujours à l'heure. • « On peut acheter des tickets pour le week-end ou pour la semaine si on reste longtemps. »

Exercice : travail en groupe (niveau élémentaire)

1. **Écrivez** un **dialogue** entre Theo, Mats et Paula.
2. **Lisez** le dialogue devant la classe.

Exercice : travail en groupe (niveau avancé)

1. **Préparez** un **dialogue** entre Theo, Mats et Paula. Utilisez la carte (ci-dessous). Notez seulement les **points-clés**.
2. **Jouez** le **dialogue** devant la classe. Parlez librement.

Activité complémentaire : Faites un résumé du point de vue du touriste. Comment est-il allé à son hôtel ?

Devinette : Décrivez un itinéraire pour aller à une destination (magasin, parc, salle de sport…) proche de votre collège, sans dire de quelle destination il s'agit : les autres élèves doivent deviner la destination. La personne qui a trouvé la solution doit ensuite donner sa devinette.

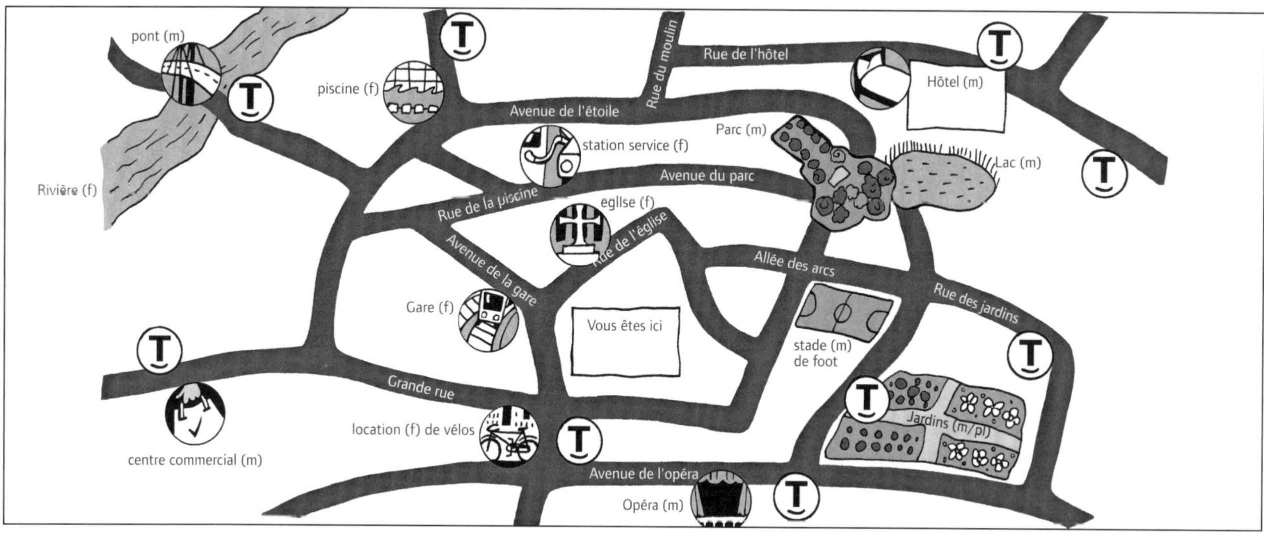

- - - - - - - - - - - - Plier le long des pointillés - - - - - - - - - - - -

Aide de langue

indiquer le chemin	**Vous devez / (ne) devriez (pas)...** • aller tout droit. • tourner à gauche/à droite. • passer le croisement (m). • traverser la rue au feu de circulation.	• au coin (m) de la rue… • en face de l'immeuble (m)/du bâtiment (m)… • à l'arrêt (m) de bus (m)… • à côté du parking (m)… • près de la station essence…

Jeu de rôle : Découvrir le Québec   

Situation :

*Lea passe trois mois au Canada, dans sa famille d'accueil au Québec. Elle discute avec les ados de la famille pour choisir une destination pour y passer un week-end (*Qc : fin de semaine) avec toute la famille. Vous pouvez utiliser les informations du tableau, mais soyez aussi créatifs !*

Lea	Capucine	Yann
• « J'aimerais beaucoup voir la Chute-Montmorency. » • « J'adore la nature. » • « Je n'aime pas trop la plage. » • « J'adore faire de la randonnée et me promener. »	• « La plage à la Pointe-des-Fortin est magnifique. » • « J'adore jouer au frisbee quand on va à la plage. » • « Autour de Québec, il y a beaucoup d'activités à faire. »	• « Je trouve que l'île de Saint-Quentin est très belle. » • « On y va souvent avec nos parents et nous connaissons bien. » • « Il y a beaucoup de pistes cyclables. »

Exercice : travail en groupe (niveau élémentaire)

1. **Écrivez** un **dialogue** dans lequel Lea, Capucine et Yann préparent leur week-end.
   - Où vont-ils aller ?
   - Quelles activités vont-ils faire ?
2. **Lisez** le **dialogue** devant la classe.

Exercice : travail en groupe (niveau avancé)

1. **Préparez** un **dialogue** dans lequel Lea, Capucine et Yann préparent leur week-end.
   - Où vont-ils aller ?
   - Quelles activités vont-ils faire ?
   - Utilisez des destinations qui existent vraiment autour de la ville de Québec (régions, sites touristiques, villes…).
2. **Jouez** le **dialogue** devant la classe. Parlez librement.

Activité complémentaire : Recherchez des informations sur le lieu que vous avez choisi. Quelles activités pourriez-vous y faire ? Imaginez puis décrivez un week-end parfait. Regroupez les informations sur une affiche ou écrivez un petit texte.

---Plier le long des pointillés---

Aide de langue 

<table>
<tr><td rowspan="3">Peux-tu me donner des informations sur…?

Qu'est-ce qu'on peut faire de spécial à…?</td><td>La Chute-Montmorency
• est proche de la ville de Québec
• elle fait 83 mètres de hauteur et est encore plus grande que les chutes du Niagara.
• la vue est maginifique et on peut y faire de grandes promenades à pieds.</td><td rowspan="3">Nous pourrions…/ Je n'ai pas trop envie de… (+infinitif)

Et si nous… (+imparfait)

J'aimerais vraiment… (+infinitif)</td><td rowspan="3">• faire 20 kilomètres de randonnée chaque jour.
• prendre beaucoup de photos.
• voir des animaux sauvages.
• faire du camping.
• goûter des plats typiques.
• me promener/jouer sur la plage.
• nager.
• faire beaucoup de sport.
• voir de beaux paysages.
• faire du bateau.
• aller au cinéma/ au théâtre.</td></tr>
<tr><td>La Pointe-des-Fortin
• est située à 300 kilomètres de la ville de Québec.
• on peut s'y baigner ou aller à la pêche, il y a un camping.
• la plage est immense et on peut observer les oiseaux et les mammifères marins.
• Il y a des pistes cyclables et des sentiers de randonnée.</td></tr>
<tr><td>L'île de Saint-Quentin
• est située à 130 kilomètres de la ville de Québec.
• l'été, il y a un cinéma et un théâtre en plein air.
• on peut y faire beaucoup d'activités : nager, faire du vélo, des promenades ou jouer au frisbee sur la plage.</td></tr>
</table>

Jeu de rôle : Organiser un voyage de classe en France

Situation :

Selina, Dimitri et Mohammed sont dans la même classe. Ils veulent organiser un voyage de classe à la fin de l'année scolaire. Vous pouvez utiliser les informations du tableau, mais soyez aussi créatifs !

Selina	Dimitri	Mohammed
• « J'aimerais bien faire du vélo. » • « Prendre l'avion, c'est mauvais pour l'environnement. » • « Faire du vélo. C'est aussi bon pour la santé. » • « Je trouve que camper, c'est génial. »	• « J'aimerais bien aller dans les Pyrénées, dans le sud de la France. » • « On devrait louer un bus. » • « On pourrait peut-être louer des appartements de vacances. »	• « J'aimerais bien visiter Toulouse. » • « Je veux avoir des occasions de parler pour améliorer mon français. » • « On pourrait vivre dans des familles d'accueil. » • « Et si on y allait en train ? »

Exercice : travail en groupe (niveau élémentaire)

1. **Écrivez** un **dialogue** dans lequel Selina, Dimitri et Mohammed préparent le voyage de classe.
   - Où vont-ils aller ?
   - Quel moyen de transport vont-ils prendre ?
   - Où vont-ils loger ?
2. **Lisez** le **dialogue** devant la classe.

Exercice : travail en groupe (niveau avancé)

1. **Préparez** un **dialogue** dans lequel Selina, Dimitri et Mohammed préparent le voyage de classe.
   - Choisissez et décrivez le lieu, le moyen de transport et le logement.
   - Donnez les avantages et les inconvénients des différentes possibilités.
2. **Jouez** le **dialogue** devant la classe. Parlez librement.

Activité complémentaire : Imaginez une destination idéale pour un voyage de classe. Où iriez-vous et pourquoi ? Avec quel moyen de transport ? Où logeriez-vous ? Soyez réaliste. Écrivez une lettre à votre professeur pour le convaincre ou présentez vos idées sur une affiche.

Imaginez : Choisissez une destination de rêve pour un voyage de classe (activités, personnes présentes, lieux visités…). Le temps est la seule limite alors soyez créatifs ! Ex : Si on pouvait, on irait faire un voyage de classe en/au/aux… parce que… (! Utilisez les hypothèses : voir boîte à outils n°5).

Plier le long des pointillés

Aide de langue 

<table>
<tr><td rowspan="2">Lieu</td><td rowspan="2">Où aimeriez-vous aller ?</td><td rowspan="2">Nous devrions…, il vaut mieux (ne pas)…
• prendre le bus/le train/l'avion pour aller à (+ ville).
• choisir une destination proche de l'Allemagne.</td><td colspan="2">parce que…</td></tr>
<tr><td>• c'est trop loin.
• ça coûte trop cher.
• c'est pas intéressant.</td><td>• c'est facile d'y aller.
• c'est bon marché.
• il y a beaucoup de choses à voir.</td></tr>
<tr><td rowspan="2">Moyens de transport</td><td rowspan="2">Comment arriver à destination ?</td><td>Nous pourrions… / J'aimerais bien… / Et si on… (+imparfait) / Je n'ai pas envie de…</td><td colspan="2">parce que…</td></tr>
<tr><td>• prendre l'avion/le train/le bus.</td><td colspan="2">• c'est mauvais pour l'environnement.
• c'est trop long.
• ça coûte trop cher.</td></tr>
<tr><td rowspan="2">Logement</td><td rowspan="2">Où pourrions-nous loger ?

Où va-t-on manger ?</td><td colspan="3">Nous pourrions … / J'aimerais bien… / Et si on…(+imparfait) / Je n'ai pas envie de…</td></tr>
<tr><td>• camper.
• loger dans une famille d'accueil.
• louer des mobil-homes.</td><td>• aller à l'hôtel.
• louer des appartements.
• aller dans une auberge de jeunesse.</td><td>• manger au restaurant.
• cuisiner nous-mêmes.</td></tr>
</table>

Jeu de rôle : Envoyer un souvenir par la poste

Situation :
Esteban est dans sa famille d'accueil en Allemagne. Il veut envoyer des spécialités allemandes à ses parents et il demande conseil à son correspondant Tom et à sa sœur Jasmin. Ils se demandent quoi envoyer : le paquet ne doit pas être trop gros sinon ce sera très cher. Vous pouvez utiliser les informations du tableau mais soyez aussi créatifs !

Esteban	Tom	Jasmin
• « J'aimerais bien faire un Stollen ou Lebkuchen. » • « Les chocolats allemands sont très bons. » • « Je veux fabriquer un calendrier avec des photos. »	• « Je n'aime pas faire des gateaux. » • « On peut acheter des bouteilles d'Apfelschorle pour tes parents. » • « J'aime prendre des photos. »	• « Je trouve que ce n'est pas une bonne idée d'envoyer des bouteilles, c'est trop fragile. » • « On pourrait acheter un livre sur la ville. » • « À mon avis, c'est mieux de faire quelque chose nous-mêmes plutôt que d'acheter. »

Exercice : travail en groupe (niveau élémentaire)

1. **Écrivez** un **dialogue** entre Esteban, Tom et Jasmin.
   - Trouvent-ils un compromis ?
2. **Lisez** le **dialogue** devant la classe.

Exercice : travail en groupe (niveau avancé)

1. **Préparez** un **dialogue** dans lequel Esteban, Tom et Jasmin parlent de ce qu'ils vont mettre dans le paquet.
   - Ajoutez au dialogue deux autres choses qui pourraient être envoyées.
   - Dessinez le contenu du paquet et utilisez ce dessin pour le présenter à la classe.
2. **Jouez** le **dialogue** devant la classe. Parlez librement.

Activité complémentaire : Réfléchissez : qu'est-ce qui est typique pour les Allemands et pour l'Allemagne ; pour les Québécois et le Québec ; pour les Français et la France. Répondez aux questions suivantes : quels stéréotypes connaissez-vous ? que pensez-vous des Français, des Québécois ? les stéréotypes correspondent-ils à la réalité ? Écrivez un court commentaire ou préparez une affiche sur ce thème et présentez-le à vos camarades.

Devinette : Décrivez un pays par ses stéréotypes, sans dire son nom : les autres élèves doivent deviner de quel pays il s'agit. Pour cela vous donnez des indices (caractère des habitants, sonorités des langue(s) parlée(s), spécialités culinaires, vêtements…). Attention : donnez d'abord les indices les plus difficiles, gardez les indices faciles pour la fin de la devinette. La personne qui a trouvé la solution doit ensuite donner sa devinette.

Jeu de rôle : Interviews sur le pays d'origine

Situation :

Votre ville organise « la semaine internationale ». Le but de cet évènement est de faire découvrir les pays d'origine des habitants de la ville. Les collégiens doivent répondre à des questions sur leur pays d'origine ou sur le pays d'origine de leurs parents. Vous pouvez utiliser les informations du tableau, mais soyez aussi créatifs !

Exercice : travail en groupe :

1. Vous travaillez en groupes de quatre élèves. Préparez un set de table (voir boîte à outils n° 18) puis suivez les étapes suivantes :
   - **Travail individuel :** imaginez les questions que vous pouvez poser sur le thème du pays d'origine.
   - **Échange :** comparez vos questions avec les autres membres du groupe.
   - **Ajouts :** écrivez les dix meilleures questions au milieu de votre set de table.
2. Séparez votre groupe en deux équipes de deux personnes. Une personne joue le rôle de l'intervieweur et pose des questions à son partenaire qui répond à l'interview. Si vous ne pouvez pas répondre à une question, demandez à votre partenaire de passer à la question suivante.
3. Lorsque vous avez terminé l'interview, changez de partenaire. Attention : chaque personne doit prendre le rôle de l'intervieweur et de l'interviewé.

Activité complémentaire : Écrivez toutes les informations sur les pays d'origine reçues lors de l'interview.

Devinette : Décrivez un pays sans dire son nom : les autres élèves doivent deviner de quel pays il s'agit. Pour cela vous donnez des indices (géographie, langue(s) parlée(s), spécialités culinaires, vêtements…). Attention : donnez d'abord les indices les plus difficiles, gardez les indices faciles pour la fin de la devinette. La personne qui a trouvé la solution doit ensuite donner sa devinette.

-- Plier le long des pointillés --

Aide de langue 

Aide pour les thèmes		Aide pour les questions	Aide pour les réponses
• Géographie • Histoire • Climat • Politique • Paysages • Langue(s) • Culture • Traditions	• Fêtes • Musique • Nourriture • Boissons • Sport • Mode • Vêtements	• Où se trouve ce pays ? (continent/ pays voisins/capitale/grandes villes) • Quelle(s) langue(s) parle-t-on dans ce pays ? Quelle est la langue/Quelles sont les langues officielles ? Est-ce qu'il y a des dialectes ? • Quel temps fait-il dans ce pays ? • Quelles sont les spécialités (nourriture/boissons) de ce pays ? • Les habitants portent-ils des vêtements traditionnels ? Peux-tu les décrire ?	• Le(l')/la(l')/les… se trouve(nt)…/ Les pays voisins sont…/La capitale est…/Les grandes villes sont… • On parle le… au/en/aux./La langue officielle est…/Il y a beaucoup de dialectes comme… (Discussion : quelles sont les sonorités de cette langue ?) • En général il fait chaud/froid/gris… il pleut… il y a du vent… • Dans ce pays, on boit du thé noir, de l'eau, du café, du vin, de la bière…/ Les spécialités sont… On ne mange pas de viande/de porc. • Les habits traditionels sont...

Jeu de rôle : À la gare Matabiau

Situation :
Lena, Luis et leurs parents sont en vacances à Toulouse. Au moment de prendre le train pour rentrer en Allemagne, ils apprennent que leur train a été annulé. Ils discutent avec un employé de la SNCF et comme seule Lena parle français, elle doit aider ses parents à poser des questions et à comprendre les réponses de l'employé de la SNCF. Vous pouvez utiliser les informations du tableau, mais soyez aussi créatifs !

Maman	Papa	Employé SNCF
• „Warum ist unser Zug ausgefallen?" • „Wir müssen zurück nach Hause, die Kinder müssen bald wieder zur Schule gehen."	• „Wann fährt der nächste Zug nach Deutschland?" • „Müssen wir neue Tickets kaufen?"	• « Il y a un problème aujourd'hui, tous les trains sont annulés. » • « Le prochain train part (demain/après-demain…) à… heures du matin/de l'après-midi. » • « La nuit d'hôtel est payée par la compagnie et vous ne devez pas acheter de nouveaux billets. »

Exercice : travail en groupe (niveau élémentaire)
1. **Écrivez** un **dialogue** dans lequel Lena aide ses parents à communiquer avec l'employé de la SNCF.
   - Trouvent-ils un compromis ?
   - Lena et Luis vont-ils rater la rentrée des classes ?
2. **Lisez** le **dialogue** devant la classe.

Exercice : travail en groupe (niveau avancé)
1. **Préparez** un **dialogue** dans lequel Lena aide ses parents à communiquer avec l'employé de la SNCF.
   - Trouvent-ils un compromis ?
   - Lena et Luis vont-ils rater la rentrée des classes ?
2. **Lisez** le **dialogue** devant la classe. Parlez librement.

Activité complémentaire : La famille est bien arrivée en Allemagne. Ecrivez un petit texte sur la situation. Choisissez un point de vue : celui de Lena, de Luis, de la maman, du papa ou de l'employé SNCF.

------------------------------ Plier le long des pointillés ------------------------------

Aide de langue

Problèmes possibles		
• accident (m) • grève (f)	• tempête (f) • train (m) en réparation	• panne (f) d'électricité • arbre (m) tombé sur la voie

Idées de questions	
Parents de Lena et Luis : • « Pourquoi les trains sont-ils annulés ? » • « Quand va-t-on arriver à la maison ? » • « Où va-t-on dormir ? » • « Quand est-ce que part le prochain train ? » • « Est-ce qu'il faut acheter de nouveaux billets ? »	Employé SNCF : • « Pouvez-vous me montrer vos billets de train ? » • « Quelle est votre destination ? » • « Combien de personnes voyagent avec vous ? » • « Êtes-vous pressés ? »

Idées de réponses	
Parents de Lena et Luis : • « Il faut absolument arriver en Allemagne avant lundi. » • « Nous avons quitté notre hôtel ce matin, nous n'avons pas d'endroit où dormir. » • « Nous ne voulons pas acheter de nouveaux billets. »	Employé SNCF : • « La SNCF vous garantit des places dans le prochain train. » • « Le prochain train part demain/après-demain… dans 10h… » • « Vous pouvez dormir à l'hôtel, les frais seront remboursés. »

Jeu de rôle : Nouvel élève

Situation :

Un nouvel élève vient d'arriver dans votre classe. Il s'appelle Jimmy, il vient d'Haïti et il ne parle pas très bien allemand. Vous lui faites visiter la ville et vous lui montrez vos endroits préférés.

Exercice :

1. Formez des groupes de deux personnes.
2. Déposez les cartes en cachant la partie écrite. Les mots-clés sur les cartes doivent vous aider pour donner des conseils à Jimmy et choisir ensemble ce que vous allez visiter.
3. Pour commencer, un élève tire une carte. Vous discutez du thème et vous parlez de votre ville. Si vous venez de villes différentes, donnez des conseils à Jimmy sur les différentes villes. Si vous pensez que le thème n'est pas intéressant pour Jimmy, tirez une autre carte. Chaque élève doit au moins parler de cinq thèmes différents.
4. Changez de partenaire et racontez à votre nouveau partenaire les idées de lieux que vous pourriez visiter avec Jimmy. Choisissez ensuite les lieux à voir en priorité puis présentez vos idées à la classe.

Activité complémentaire : Faites le bilan de votre travail de groupe. Écrivez un texte dans lequel vous décrivez rapidement les trois lieux qu'une personne qui ne connait pas votre ville devrait découvrir en priorité.

Devinette : Décrivez le lieu sans dire son nom : les autres élèves doivent deviner de quel lieu il s'agit. Pour cela vous donnez des indices (description, activités, situation géographique, noms de magasins…). Attention : donnez d'abord les indices les plus difficiles, gardez les indices faciles pour la fin de la devinette. La personne qui a trouvé la solution doit ensuite donner sa devinette.

Sites touristiques	Piscines	Marchands de glace
Magasins	Parcs	Cinémas
Terrains de jeux	Fleuves/Rivières/Lacs	Bâtiments
Rues/Allées/Chemins	Restaurants	Centres commerciaux
Bibliothèques	Lieux pour se retrouver avec ses amis	Salles de sport/ Clubs de fitness

Jeu de rôle : Préparer une fête internationale au collège

Situation :

Dans votre collège, il y a beaucoup d'élèves qui sont originaires de pays étrangers avec différentes cultures et différentes langues étrangères. Le collège veut attirer l'attention sur cette diversité lors de la prochaine fête du collège, mais comment ? Vous pouvez utiliser les informations du tableau, mais soyez aussi créatifs !

Aisha	Mohammed	Klara
• « Il faut de la nourriture du monde entier. » • « Si nous demandons aux parents de nous aider, la fête ne coûtera pas trop cher. »	• « Le plus important, c'est la musique. » • « À travers la musique on peut découvrir les différentes cultures. »	• « On pourrait donner des cours. Les participants apprendront les différentes langues. » • « Le but est que chacun apprenne qc sur l'autre. »

Exercice : travail en groupe (niveau élémentaire)

1. **Écrivez** un **dialogue** dans lequel Aisha, Mohamed et Klara préparent la fête du collège.
   - Quelles seront les activités principales ?
   - Pouvez-vous donner des exemples (plats typiques, mots dans la langue étrangère...) ?
2. **Lisez** le **dialogue** devant la classe.

Exercice : travail en groupe (niveau avancé)

1. **Préparez** un **dialogue** dans lequel Aisha, Mohamed et Klara préparent la fête du collège.
   - Quelles seront les activités principales ?
   - Donnez au minimum trois exemples concrets pour des cultures que vous connaissez. Par exemple : les ingrédients pour cuisiner un plat typique, présenter un artiste ou une chanson connue ou décrire les vêtements traditionnels.
2. **Jouez** le **dialogue** devant la classe. Parlez librement.

---------- Plier le long des pointillés ----------

Aide de langue

Nourriture	Quels plats typiques connaissez-vous ?	**Nous devrions préparer... / Je n'ai pas très envie de manger... / ...c'est trop compliqué à préparer.** • un couscous • un yassa de poulet • du riz cantonais • des crêpes	**Nourriture**
Langue	Comment on dit... en... ?	**On pourrait apprendre aux gens comment on dit... en....** • Oui/Non. • Merci/S'il te (vous) plaît. • Bonjour, je m'appelle... • Comment vas-tu ? Je vais bien. J'ai... ans. • Je viens de/du/des... J'aime... • Au revoir !	**Langue**
Culture	Quelles sont les différentes traditions et les fêtes ?	**On pourrait donner des informations sur la culture de/du/des... (+nom de pays)** • fête nationale • nouvel an • anniversaires • le système scolaire • le niveau de vie • particularités du pays	**Culture**
Musique	Y-a-t-il des groupes ou des DJ connus ?	• groupes, DJ, artistes • hymne national • chansons connues	**Musique**

Jeu de rôle : Interviewer des acteurs célèbres

Situation :

Deux acteurs francophones sont invités dans une émission de télévision. L'animateur de l'émission leur pose des questions sur leur vie privée et sur leur vie professionnelle. Vous pouvez utiliser les informations du tableau, mais soyez aussi créatifs !

Animateur	Acteur/Actrice 1	Acteur/Actrice 2
• pose des questions à l'actrice et à l'acteur. • est très sympathique. • pose des questions sur leur vie privée, sur leur vie professionnelle et sur leur projets.	• est connu(e), dans le monde entier. • a eu un Oscar. • a joué dans des films d'action, mais aussi des comédies romantiques et des tragédies. • parle beaucoup.	• est encore au début de sa carrière. • a joué dans un film d'action qui a eu beaucoup de succès. • est fan de l'acteur n°1. • est un peu timide. • se trouve génial(e).

Exercice : travail en groupe (niveau élémentaire)

1. **Écrivez** une **interview** entre l'animateur et les deux acteurs.
   - Suivez la structure d'une interview (introduction, partie principale avec des questions et des réponses, conclusion).
2. **Lisez** l'**interview** devant la classe.

Exercice : travail en groupe (niveau avancé)

1. **Préparez** une **interview** entre l'animateur et les deux acteurs.
   - Suivez la structure d'une interview (introduction, partie principale avec des questions et des réponses, conclusion).
   - Dans votre interview, il y aura des moments de tension, de jalousie mais aussi des situations tristes, comiques…
2. **Jouez** l'**interview** devant la classe. Parlez librement.

Activité complémentaire : Recherchez des informations sur la carrière, les films et la vie privée de vos acteurs et actrices francophones préférés.

Devinette : Décrivez un acteur ou une actrice sans dire son nom : les autres élèves doivent deviner de qui il s'agit. Pour cela vous donnez des indices biographiques (nationalité, description physique, âge, genre de films, partenaires dans les films, titre de films…). Attention : donnez d'abord les indices les plus difficiles, gardez les indices faciles pour la fin de la devinette. La personne qui a trouvé la solution doit ensuite donner sa devinette.

------------------------------ Plier le long des pointillés ------------------------------

Aide de langue 

	Travail	Vie privée
Intro-duction	• Chers téléspectateurs, bienvenue dans notre émission «… » ! • Aujourd'hui nos invités sont… et…, je les remercie d'avoir accepté notre invitation. • Notre premier(ère)/deuxième invité(ée) est… et il/elle a joué dans… • Aujourd'hui nous voudrions tout savoir sur votre travail, votre vie privée et vos projets.	
Idées de questions	• Pourquoi avez-vous décidé de devenir acteur/actrice ? • Comment votre carrière a-t-elle commencé ? Quel a été votre plus grand succès ? • Que préférez-vous dans votre travail ?	• Êtes-vous marié(e) ? Avez-vous des enfants ? • Où habitez-vous ? • Pouvez-vous décrire votre vie quotidienne ? • Que faites-vous pendant votre temps libre ? • Parlez-nous du plus beau/pire jour de votre vie ?
Idées de réponses	• Merci beaucoup pour cette invitation. • Je suis content(e) que vous me posiez cette question. • Je n'ai jamais pensé à cela. • Pour moi c'était très important/impressionnant/intimidant/… de(d')… (+infinitif)	• Merci monsieur/madame…, d'avoir participé à notre émission «… » ! Merci aux spectateurs présents dans le studio et aux téléspectateurs. C'était «… », à la semaine prochaine ! • C'était passionnant de vous écouter.

Jeu de rôle : Postuler pour un petit boulot

Situation :
Beaucoup d'adolescents aimeraient avoir un petit boulot ou faire un stage à l'étranger pendant les vacances. Quel type de petit boulot/de stage peuvent-ils faire ? Comment trouver un travail ou un stage ? Comment se passe un entretien d'embauche ?

Exercice 1 : Réfléchissez : quelles sont les possibilités de petits boulots ou de stages pour des adolescents ? Est-ce que certains d'entre vous ont déjà un petit boulot ou déjà fait un stage à l'étranger ? Quels sont les avantages, quelles peuvent être les difficultés d'un petit boulot ou d'un stage ? Qu'en pensez-vous ? Complétez les phrases, exprimez et justifiez votre opinion.

Avoir un petit boulot/faire un stage c'est...
fatigant/difficile/intéressant/facile
ça vaut le coup
le rêve.
Ça permet d'apprendre une langue étrangère
parce que...

On pourrait...
livrer des journaux/donner des cours particuliers
faire du baby-sitting...
faire un séjour au pair...
travailler dans un restaurant/un magasin/un café...
faire un stage dans une entreprise franco-allemande...
parce que...

Exercice 2 : travail en groupe

1. Travaillez en groupes de quatre personnes. Trois d'entre vous sont les candidats et une personne joue le rôle du chef. Choisissez un petit boulot pour lequel vous allez faire l'entretien. Vous préparez un entretien d'embauche. Prenez des notes.
2. Vous passez maintenant l'entretien d'embauche. Au cours de la discussion, les candidats parlent de leurs forces et les justifient en donnant des exemples, ils expliquent aussi pourquoi ils sont qualifiés pour faire ce petit boulot. Le chef pose des questions et il choisit, à la fin de l'interview qui des trois candidats obtient le travail.
3. Jouez le dialogue devant la classe.

-- Plier le long des pointillés --

Aide de langue 

Vocabulaire important			
• la candidature • le CV (Curriculum Vitae) • la lettre de motivation	• l'offre d'emploi • être candidat(e) pour un petit boulot • la formation/la scolarité	• le stage • le/la chef • l'employeur • la candidate/le candidat	• l'employé(e) • les forces (f) et les faiblesses (f) • le salaire

Phrases-clé pour la/le chef	**Phrases-clé pour la/le candidat(e)**
• Je vous remercie pour votre candidature/ votre lettre de motivation/votre CV. • Votre profil est très intéressant. • Le poste à pourvoir est à durée déterminée/un stage. • Présentez-vous, s'il vous plaît. • Qu'est-ce qui vous intéresse dans cet emploi ? • Avez-vous déjà de l'expérience dans ce domaine ? • Quelles sont vos qualités ? Quels sont vos défauts ? • Quel est votre niveau en français/anglais... ? votre niveau de français est-il suffisant pour ce faire un stage en France/ au Maroc/au Sénégal/au Québec ? • Avez-vous le droit de travailler pour nous ? • Combien voulez-vous être payé(e) ?	• Je vous remercie de me recevoir. • Merci pour cette opportunité. • Je suis qualifié pour ce travail car... • J'aimerais beaucoup travailler pour vous car... • Je peux travailler ou faire un stage pendant les vacances scolaires. • Je travaille beaucoup pour améliorer mon français. • Je crois que ce travail (n') est (pas) fait pour moi parce que... • Quels sont les horaires de travail ? • Combien ce travail est-il payé/rémunéré ? Ce stage est-il payé/ rémunéré ?

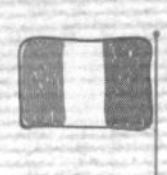

Präsentierendes Sprechen: *Les présentations*

Beim präsentierenden Sprechen geht es darum, die Schüler zur Produktion der französischen Sprache in eher monologisierender, präsentierender Form anzuregen. Hierzu können die *Activités brise-glace* (s. S. 6 ff.) und die nachfolgenden *Présentations* genutzt werden.
Die Schüler bekommen die Möglichkeit, sich in den *Présentations* intensiv mit einer Aufgabe auseinanderzusetzen und diese in Partner- oder Einzelarbeit zu bearbeiten. Entweder tragen die Schüler ihre Ergebnisse vor der Klasse oder im geschützten Rahmen in Kleingruppen vor. Diese Entscheidung sollte unabhängig von der Anleitung in den Aufgaben von der Lehrkraft getroffen werden. Bei der Vorbereitung der *Présentations* kann darauf hingewiesen werden, dass alle Gruppenmitglieder gleichermaßen an der Erarbeitung beteiligt sein sollen. Hierfür können die Rollenkarten (s. Rucksack 17 auf S. 59) eingesetzt werden. Es ist aber auch möglich, bewusst Unterschiede zuzulassen, sodass Schüler je nach ihrem sprachlichen Niveau und ihren persönlichen Stärken einen Beitrag leisten können.

Die *Présentations* können folgendermaßen binnendifferenziert werden:
Die Schüler können

- Unterstützungskarten nutzen;
- sich streng oder flexibel an die Vorgaben der Aufgabenstellungen halten und so ihre eigenen individuellen Schwerpunkte setzen;
- die Aufgaben basierend auf ihren sprachlichen Kenntnissen qualitativ und quantitativ unterschiedlich ausgestalten;
- sich in der Gruppenerarbeitung gegenseitig unterstützen – so können leistungsschwächere Schüler von leistungsstärkeren lernen bzw. leistungsstärkere Schüler durch ihre Tutorenrolle profitieren; wichtig hierbei ist, dass Arbeitsprozesse reflektiert werden (siehe einzelne Aufgaben und/oder Reflexionsbögen ab S. 61), damit ein Lernprozess bei allen Schülern stattfinden kann;
- die *Présentation* (schriftlich) detailliert vorbereiten und dann vortragen oder, basierend auf dem Material, einen relativ freien Vortrag halten;
- je nach persönlichen Charakteristika und sprachlicher Stärke unterschiedlich viel in der *Présentation* mündlich beitragen; ob dies umgesetzt wird, hängt allerdings von der pädagogischen und didaktischen Intention der Lehrkraft ab.

Présentation : Voilà, c'est moi !

Description de la situation :
La nouvelle année scolaire commence et tu ne connais personne. Présente-toi et écoute bien tes camarades de classe.

Exercice :

- **Travail individuel :** Que voulez-vous raconter sur vous ? Utilisez la boîte à outils.
- **Travail en équipe :** Présentez-vous à vos partenaires. Posez des questions.
  Prenez des notes.
- **Travail en groupe-classe :** Présentez vos partenaires à la classe.

Activité complémentaire : Écrivez un petit texte dans lequel vous résumez toutes les informations.

------------------- Plier le long des pointillés -------------------

	Questions	Affirmations			
Nom	Comment tu t'appelles ?	• Je m'appelle ... • Je suis... • Mon nom est...			
Âge	Quel âge as-tu ?	• J'ai... ans.			
Origine	D'où viens-tu ? D'où vient ta famille ?	• Je viens de... • Je suis de.... • Ma famille vient de...	• d'Iran (m) • d'Irak (m) • du Yémen (m) • du Congo (m) • du Liban (m) • du Soudan (m)	• de Côte d'Ivoire (f) • de Slovaquie (f) • de Turquie (f) • d'Ukraine (f) • des Pays-Bas (pl) • des États-Unis (pl)	
Langue	Quelle(s) langue(s) parles-tu ? Dis un mot/une phrase dans cette langue.	• Je parle... • Je parle couramment... • Ma langue maternelle est... • Je parle un peu... • Je suis en train d'apprendre... • Je parle..., mais je ne sais pas écrire la langue.	• l'afghan • l'albanais • l'arabe • l'arménien • le bulgare • l'allemand • l'anglais • le français • le grec • l'italien	• le croate • le kurde • le perse • le polonais • le roumain • le russe • le serbe • le syriaque • le tigrigna • le turc • le hongrois	
Famille	Combien de frères et sœurs as-tu ? Où habitent tes grands-parents ? D'où vient ta famille ?	• J'ai... frères et... sœurs. • Mes grands-parents/ma grande-mère/mon grand-père... habite(nt) en/au/aux... est(sont) mort(e)(s). • De ma famille, ma mère/ mon père/mes frères/mes sœurs/mon oncle/ma tante/mes cousins... sont ici.			
Activités	Quelles sont tes activités ? Que fais-tu pendant ton temps libre ?	• J'aime bien...	• dessiner • lire • cuisiner	• courir • nager • manger	• dormir • danser • jouer au/à/aux...

Présentation : Animaux de compagnie

Pour ton anniversaire tu aimerais avoir un animal de compagnie. Mais quel animal ? Pour prendre la bonne decision, tu vas dans une animalerie.

Exercice :
Préparez une présentation sur vos animaux de compagnie préférés. Utilisez les informations de la boîte à outils ou soyez créatifs. Décrivez les avantages et les désavantages des différents animaux. Vous pouvez créer une présentation orale, un powerpoint, une affiche, une vidéo…

Activité complémentaire : Écrivez un texte sur vos animaux préférés.

	*Berta* *(une petite perruche)* • *elle a quelques mois* • *elle est bleue et blanche* • *elle fait beaucoup de bruit* • *elle est perchée sur une barre à rideau*		*Hubert* *(un poisson rouge)* • *il est très petit* • *qn doit nettoyer l'aquarium très souvent* • *il ne doit pas manger trop* • *il est rouge brillant*
	*Billy (un hamster)* • *il a un an* • *il vit dans une cage* • *il aime sa roue* • *il est très doux*		*Frank* *(un cochon domestique)* • *il est très actif* • *il adore les humains* • *il mange de tout* • *il aime bien le jardin*
	*Franzie (une tortue)* • *elle est très vieille* • *elle dort beaucoup* • *elle aime bien la laitue* • *elle est très lente*		*Käthe (une mygale)* • *elle est poilue* • *elle mange des insectes* • *elle est rapide* • *elle a toujours faim*

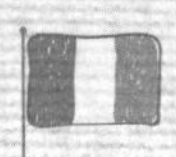

Présentation : L'histoire de ma famille

Description de la situation :
Votre collège participe à un échange scolaire. Le collège en France demande aux élèves de présenter leurs histoires de famille. Qui sont ces jeunes qui habitent en Allemagne et d'où viennent leurs familles ?

Exercice : Travail en équipe :

- Travaillez en équipes de trois à quatre élèves. Faites un set de table (boîte à outils n° 18). Prenez des notes : de quelle génération de votre famille allez-vous parler ? Que savez-vous au sujet de la culture, la langue, les traditions, la nourriture, la musique, la situation politique… ?
- Présentez au groupe l'histoire de votre famille, chacun(e) à votre tour.
- Choisissez un(e) porte-parole qui donne un résumé des sujets majeurs à la classe.

Activité complémentaire : Écrivez un résumé sur l'histoire de famille d'un(e) de vos camarades de classe.

-------------------- Plier le long des pointillés --------------------

Génération	De quelle génération de ta famille vas-tu parler ? On parle du côté maternel ou paternel ?	• Mon arrière-grand-mère vient de… • Mes arrière-arrière-grands-parents viennent de… • C'est le père de mon père… • C'est mon oncle qui a deménagé…	**Génération**
Géographie	Où se trouve le pays/la ville de ta famille ?	• Le pays de ma famille est… • La ville de ma famille est…, c'est une très petite ville où il y a…	**Géographie**
Politique	Que sais-tu de la situation politique ? Y a-t-il des guerres ?	• Il y a un roi/monarque dans le pays de ma famille… • Le système politique est la démocratie… • On dit que c'est assez dangereux de voyager dans ce pays… • En ce moment, il y a une guerre entre…	**Politique**
Culture	Quelles traditions existent dans ce pays ? Y a-t-il des jours fériés ?	• Il y a beaucoup de jours fériés, par exemple… • Une des traditions importantes est… • Dans ma famille on danse/chante/boit… beaucoup parce que…	**Culture**
Langue	Parles-tu la langue de ta famille? Peux-tu donner un exemple ?	• Oui, je parle la langue couramment… • Chez moi, je parle… • Je ne sais pas écrire la langue mais je connais quelques mots… • J'aime bien parler cette langue…	**Langue**
Nourriture	Connais-tu un plat typique ?	• Le plat national est… • Ma grande-mère/mon père/ma tante/cuisinaient souvent… • Nous buvons beaucoup d'eau/de tisane/de thé…	**Nourriture**

Présentation : Participer à un échange

Description de la situation :

Tu as obtenu une bourse pour participer à un échange dans une ville du pays/de la région francophone de ton choix. La bourse couvre l'échange scolaire et le séjour dans une famille d'accueil. Quelle ville choisis-tu ? Pourquoi ?

Exercice :

1. Quels pays/Quelles régions francophones connaissez-vous ? Quelles villes connaissez-vous ? Pensez aux thèmes comme la culture, la géographie, l'histoire, la mode, la nature... Il y a des informations dans la boîte à outils. Vous pouvez aussi chercher des informations sur internet.
2. Choisissez une ville. Donnez des raisons pour justifier votre choix.
3. Préparez une présentation. Vous pouvez créer une présentation orale, un PowerPoint, une affiche, une vidéo...

---------- Plier le long des pointillés ----------

Informations

Montpellier – France
- Montpellier est située dans le sud de la France, proche de la mer Méditerranée
- Plus de 70 000 étudiants
- Une ville avec une mosaïque d'ambiances : escapade urbaine, nature, mer, bars...
- Fête nationale française : le 14 juillet – la prise de la Bastille.
- Devise nationale : Liberté, Égalité, Fraternité
- Hymne national : La Marseillaise
- Autres grandes villes : Marseille, Lyon, Toulouse, Nice, Nantes

Montréal – (Québec) Canada
- Montréal est située dans la province du Québec au Canada (il y en a 10 au total, plus 3 territoires)
- Montréal a plus de 1 700 000 habitans, son aire urbaine plus de 4 millions
- Montréal est la ville francophone la plus peuplée d'Amérique
- Montréal a quatre universités et 450 centres de recherche
- Fête nationale du Québec : St Jean Baptiste – le 24 juin
- Plat typique : Poutine (Frites avec sauce et fromage)
- Devise nationale : Je me souviens (ancienne devise : la belle province)

Bruxelles – Belgique
- Bruxelles est la capitale de la Belgique
- Langues officielles de la Belgique : français, allemand, flamand
- La plupart des institutions de l'Union européenne sont situées à Bruxelles
- Plats typiques : les frites sont originaires de Belgique ; les gaufres belges sont très populaires
- Devise nationale : L'union fait la force
- La Belgique est connue pour ses peintres comme Pieter Bruegel et Peter Paul Rubens

Kinshasa – Congo
- La capitale de la République démocratique du Congo
- Plus de 17 000 000 habitants, c'est la troisième ville la plus peuplée d'Afrique (après Le Caire et Lagos)
- En Afrique, il y a juste un seul pays qui est plus grand que le Congo (c'est l'Algérie)
- Le Congo est une ancienne colonie de la Belgique
- Kinshasa est une ville de contrastes (quartiers résidentiels et commerciaux, des universités et des bidonsvilles).
- Plat typique : Moambe (traduction : huit ingrédients)
- Devise nationale : Paix, Justice, Travail
- Langue officielle du Congo : le français
- Langues nationales : Kikongo, Lingála, Swahili, Tschiluba

Basse-Terre – Guadeloupe
- La Guadeloupe est un département d'Outre-mer français et une île des Caraïbes, dans les Antilles
- La capitale : Basse-Terre
- Il y a plus de 10 000 Basse-Terrien(ne)s
- Basse-Terre était un village d'Amerindiens horticulteurs et potiers
- Ancien nom : Karukera – île aux belles eaux
- Plat typique : mélange de cuisine créole, africaine, indienne et française comme des fruits de mer

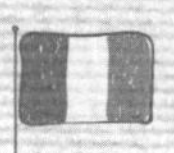

Présentation : Voyage scolaire

Description de la situation :

Vous voulez faire un voyage scolaire avec votre classe. Mais où ? Pensez aux différentes destinations et décidez-vous. Pensez aux frais, à la distance, aux moyens de transport, aux activités, à la culture, à l'histoire…

Exercice :

1. Travaillez dans un groupe de trois ou quatre élèves.
2. Préparez un set de table (voir boîte à outils n° 18). Chacun et chacune prend des notes individuelles : Où voulez-vous voyager ? Pourquoi ?
3. Présentez vos idées. Utilisez les cartes de rôle (voir boîte à outils n° 17). Décidez-vous pour la meilleure idée. Notez l'idée au milieu du set de table.
4. Ajoutez au milieu du set de table des idées supplémentaires. Par exemple : le moyen de transport idéal est…? Logement idéal est… Le site touristique à voir est…

------------------------------ Plier le long des pointillés ------------------------------

Phrases utiles pour parler des excursions et voyages	**Vocabulaire utile pour parler des excursions et voyages**
• Où pouvons-nous aller ? • J'aimerais aller à… parce que… • Où pouvons-nous dormir ? • J'aimerais… – dormir dans une tente/un hôtel/un appartement parce que… – dormir dans une auberge de jeunesse parce que… • Comment pouvons-nous y aller ? • J'aimerais bien… – y aller en train/en bus… parce que… – prendre le vélo… parce que… – voyagez en avion…. parce que… • Nous devrions acheter/visiter/voir… • Dans ce pays/cette ville/région, il fait beau/mauvais/chaud/froid/il pleut/il y a beaucoup de vent… • Nous pouvons visiter des bâtiments historiques/des musées… • La nature devrait être magnifique. **Le logement (n')est (pas)…** • cher/bon marché. • propre/sale. • luxueux/simple. • spacieux/petit. **Voyager en train/bus/avion (n')est (pas)…** • rapide/lent/sans risque.	• la destination • le séjour • organiser/réserver le voyage • l'excursion (f) • le programme de loisirs • le moyen de transport – le ferry/le traversier (**Qc*) – le train – l'avion (m) – le bus • l'horaire (m) • le logement – l'hôtel (m) – l'auberge de jeunesse (f) – le dortoir (m) – le camping/la tente – l'appartement (m) • une valise • un bagage à main • l'argent de poche (m) • l'entrée (f) pour un musée

Présentation : « Quelque chose de francophone »

Description de la situation :

Que savez-vous des pays francophones ? Pensez aux livres et films francophones que vous avez regardés – probablement à l'école. Pensez par exemple à un créateur français que vous trouvez fascinant ; à une bande dessinée belge que vous aimez ou à un sportif/artiste francophone dont vous êtes fan…

Exercice :

1. **Travail en groupe-classe**
   Trouvez des titres de livres, films, séries ou des noms de francophones célèbres… que vous aimez bien. Écrivez les titres/noms au tableau.
2. **Travail individuel ou en équipe de deux**
   Travaillez individuellement ou avec un(e) partenaire. Présentez votre choix et donnez des informations. Parlez des raisons pour lesquelles vous avez choisi ce sujet. Résumez tout ce que vous savez sur votre sujet.

3. **Travail en groupe**
   Formez des groupes avec des camarades qui ont des sujets similaires. Présentez vos informations dans des petits groupes de trois ou quatre élèves. Quelles sont les similarités et les différences ? Résumez les points principaux de vos présentations dans une seule affiche.
4. **Travail en groupe-classe**
   Faites une visite guidée (boîte à outils n° 18) et regardez les affiches. Les affiches peuvent aussi être présentées l'une après l'autre.

Activité complémentaire : Apportez un objet ou une photo qui a un lien avec votre sujet et faites une petite présentation.

-- Plier le long des pointillés --

<table>
<tr>
<td colspan="2">Vocabulaire utile pour les livres et films
• un chapitre
• un titre
• une scène</td>
<td rowspan="3">Des phrases utiles pour décrire qc/une personne
L'acteur(-rice)/le(la) sportif(-ive) est…
• amusant(e).
• talentueux(-se).
• sympa.
• beau/belle.
Le livre/le film/la série est…
• captivant(e).
• drôle, comique, amusant(e).
• triste.
• cruel(-le), violant(e).
• monotone/ennyueux(-euse).
Le livre/le film…
• joue un rôle important dans ma vie parce que…
• a une signification particulière parce que…
• traite de…/parle de…
• décrit l'histoire de…</td>
</tr>
<tr>
<td>• un livre de fiction
• un roman
• une nouvelle
• un conte de fées
• un classique
• un roman policier/
un polar (fam.)
• un roman d'amour</td>
<td>• un drame
• une comédie
• un film d'amour
• un thriller</td>
</tr>
<tr>
<td colspan="2">• le dénouement/la fin
• le personnage principal/le(s) personage(s) secondaire(s)
• gagner un prix/une distinction</td>
</tr>
</table>

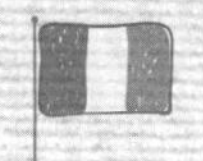

Présentation : Journée de la Francophonie

Description de la situation :
Ton collège organise, comme chaque année, la journée de la Francophonie. Tu es choisi(e) comme représentant(e) d'un pays/d'une région de ton choix. Utilise les informations dans la boîte à outils ou sois créatif(-ve).

Exercice : Travail en groupe de trois ou quatre élèves :
Choisissez un pays/une région francophone. La boîte à outils ci-dessous peut vous donner des idées.

- Faites un set de table (boîte à outils n° 18). Chacun(e) d'entre vous prend des notes individuellement. Que savez-vous du pays/de la région francophone que vous avez choisi(e) ? Pensez à la culture, la langue, l'histoire…
- Présentez vos idées dans vos petits groupes. Résumez les points principaux de vos présentations au milieu de votre set de table. Utilisez les cartes de rôle (boîte à outils n° 17).
- Faites une visite guidée (boîte à outils n° 18) et présentez votre pays/région au groupe classe.

Activité complémentaire : Choissisez le pays/la région francophone le/la plus intéressant(e) et expliquez votre choix dans un petit texte.

--- Plier le long des pointillés ---

Le Sénégal
- La capitale : Dakar
- Environ 14 millions d'habitants
- Fête nationale : le 4 avril – Indépendance de la France
- Devise nationale: Un Peuple, un But, une Foi
- Un chanteur connu dans le monde entier : Youssou N'Dour
- Les spécialités culinaires : le Thiéboudienne (riz au poisson), le bissap et le thé
- Les sports préférés des Sénégalais(es) sont la lutte et le football

Le Québec
- Province du Canada (il y en a 10 au total, plus 3 territoires)
- 8 millions d'habitants
- Le français est la langue officielle
- La capitale : la ville de Québec
- La plus grande ville : Montréal
- Fête nationale : St Jean Baptiste – le 24 juin
- Plat typique: Poutine (Frites avec sauce et fromage)
- Devise nationale : Je me souviens (ancienne devise : la belle province)

La Belgique
- État fédéral ainsi qu'une monarchie constitutionnelle et parlementaire
- Langues officielles : français, allemand, flamand
- La capitale : Bruxelles
- 11 millions d'habitants
- Les chocolats belges sont excellents
- Devise nationale : L'union fait la force
- La Belgique est connue pour ses auteurs de bandes-dessinées comme Hergé (Tintin) ou Morris (Lucky Luke)

La Guyane
- Région d'Outre-mer française située en Amérique du Sud
- Environ 260 000 habitants
- Le pays a une frontière avec le Brésil
- Centre Spatial Guyannais à Kourou d'où des fusées sont lancées
- Il y a un grand carnaval qui dure un mois

La Martinique
- Département d'Outre-mer français
- Île caraïbe dans les Antilles
- La plus grande ville : Fort-de-France
- Environ 380 000 habitants
- Est surnomée « l'île aux fleurs »
- L'auteur Aimé Césaire est originaire de cette île

Présentation : Reportage de voyage en ligne

Description de la situation :
Un de tes amis a un blogue en ligne où il publie des reportages de voyage. Tu viens de passer une semaine à Paris avec ton frère et ton ami vous demande de préparer un reportage de voyage oral.

Exercice : Travail en équipe :
1. Travaillez avec un(e) partenaire. Que savez-vous déjà de Paris ? Regardez ensuite les cartes et décidez ensemble quelle information vous trouvez la plus intéressante.
2. Préparez un reportage de deux minutes. Utilisez les cartes et ajoutez ce que vous savez déjà.
3. Faites une petite répétition avant de faire votre reportage. Il est important que les deux partenaires participent au reportage, à tour de rôle. Vous pouvez aussi diviser les rôles : un(e) d'entre vous peut poser des questions et le partenaire y répond. Soyez créatifs, vous devez donner envie à d'autres touristes de visiter Paris !
4. Enregistrez le reportage sur votre portable (**Qc* : cellulaire) ou/et présentez-le devant la classe.

Activité complémentaire : Ton ami aime bien votre reportage et demande si vous pouvez aussi écrire un texte avec des informations supplémentaires que vous n'avez pas encore présentées.

------------------------------ Plier le long des pointillés ------------------------------

La tour Eiffel
- le symbole de la capitale française
- construite entre 1887 et 1889 par Gustave Eiffel et ses collègues pour l'exposition universelle de Paris de 1889
- 324 mètres
- initialement nommée « tour de 300 mètres »

Paris Paris Paris Paris
Paris Paris
Paris Paris Paris
Paris Paris
Paris Paris Paris

Le Louvre
- ancienne résidence royale
- aujourdhui, il héberge un musée
- le plus grand musée d'art et d'antiquités au monde
- plus de 8 millions de visiteurs par an
- le musée le plus visité au monde

La basilique du Sacré-Coeur de Montmatre
- construction a commencé en 1875; fin des travaux en 1923
- située au sommet de la butte Montmartre
- édifice religieux parisien majeur
- plus de 11 millions de visiteurs par an

La cathédrale Notre-Dame de Paris
- construction a commencé en 1163 ; fin des travaux en 1345
- située dans l'est de l'île de la Cité
- l'une des plus celèbres cathédrales du pays
- plus de 20 millions de visiteurs par an

L'avenue des Champs-Élysées
- voie de Paris, longue de près de deux kilomètres
- l'axe historique de la ville
- souvent considérée comme la plus belle avenue de Paris ou même du monde
- « Les Champs-Élysées » est une chanson très connue interpretée par Joe Dassin en 1969

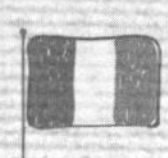

Hilfskarten, Bewertungs- und Reflexionsbögen

Da die folgenden Lehrmittel in den Bereichen *Langue* und *Méthode* auch für andere Kontexte mehrfach genutzt werden können, bietet es sich an, die einzelnen Karten auszuschneiden und zu laminieren. So können die Schüler mehrfach und zu jeder Zeit darauf zurückgreifen. Die Aufgaben verweisen anhand des Rucksacksymbols und der darauf notierten Zahl auf die Unterstützung, auf die in der jeweiligen Aufgabe hingewiesen wird.
In der Kategorie *Aide de langue* werden sprachliche Hilfestellungen bezüglich Lexik und Grammatik gegeben. Auf den Karten befinden sich einzelne Wörter, Phrasen oder auch ganze Sätze, welche die Schüler bei der Produktion der französischen Sprache unterstützen sollen. Es wird darauf hingewiesen, dass die unten stehenden Hilfskarten nicht den Anspruch auf Vollständigkeit erheben:

1	Expression de l'opinion au présent
2	Expression de l'opinion au passé
3	Poser des questions au présent et au futur
4	Poser des questions au passé
5	Les hypothèses
6	Comparatif et superlatif
7	Les principaux temps de l'indicatif
8	Donner des conseils/faire des suggestions
9	Expression des sentiments
10	Les relations logiques
11	Les prépositions
12	Décrire des images
13	Les pronoms (compléments/relatifs)
14	Éventail de langue
15	Donner un feedback sur un jeu de rôle ou une présentation

Anschließend gibt es die Kategorie *Méthode de travail*. Hier werden vor allem Themen zur Organisation der Gruppen- und Partnerarbeit behandelt. Auch hierfür gilt das Rucksacksymbol mit entsprechender Nummerierung. Hier stehen folgende Hilfestellungen zur Verfügung:

16	Préparer une présentation
17	Répartition des rôles – Travail en groupe
18	Set de table et visite guidée

Schließlich folgt die Kategorie der Bewertungs- und Reflexionsbögen. Hier werden Impulsfragen für das Feedback unter Schülern, aber auch für die Lehrkraft zur Beurteilung der Schülerarbeiten aufgelistet. Zudem gibt es konkrete Evaluationsbögen, die direkt kopiert und eingesetzt werden können.

Aide de langue

Aide de langue : Expression de l'opinion au présent

<table>
<tr>
<td rowspan="2">Expression de l'opinion</td>
<td rowspan="2">À mon avis… Meiner Meinung nach…
Selon moi… Wenn es nach mir ginge,…
Je pense que… Ich denke, dass …
Je crois que… Ich glaube, dass…
Je suis certain(e) que… Ich bin sicher, dass…
Il est sûr que… Es ist sicher, dass …
Il me semble que… Es scheint mir, dass…
Il (n')est (pas) vrai que… Es ist (nicht) wahr, dass…

Attention : Subjonctif (voir boîte à outils n° 8)
Je ne pense pas que… Ich denke nicht, dass…
Je ne crois pas que… Ich glaube nicht, dass…
J'ai (Je n'ai pas) peur que… Ich habe (keine) Angst davor, dass…
Je (ne) trouve (pas) drôle que… Ich finde es (nicht) komisch, dass…
Je (ne) crains (pas) que… Ich befürchte (nicht), dass…
Il est dommage que… Es ist schade, dass…
Il est important que… Es ist wichtig, dass …
Cela m'étonne que… Es wundert mich, dass…
Cela me fait plaisir que… Es macht mir Freude, dass…
Je (ne) voudrais (pas) que… Ich möchte (nicht), dass…
J' (Je n') aime (pas) que… Ich mag (nicht), dass…
Je ne suis pas convaincu(e) que… Ich bin (nicht) davon überzeugt, dass…
J'adore que… Ich bewundere, dass…</td>
<td>Accord/Rejet</td>
<td>C'est ça ! Genau so ist es!
Bien sûr ! Natürlich!
Exactement ! Genau!
Je suis (entièrement) d'accord avec toi. Ich stimme (vollkommen) mit dir überein.
Je vois ce que tu veux dire. Ich verstehe, was du sagen willst.
Surtout pas ! Auf keinen Fall!
Absolument pas ! Kommt nicht in Frage!
Je ne suis pas (du tout) d'accord avec toi. Ich stimme (absolut) nicht mit dir überein.</td>
</tr>
<tr>
<td>Compromis</td>
<td>Mettons-nous d'accord sur… Lasst uns darauf einigen, dass…
Pourrais-tu m'expliquer… Könntest du mir erklären,…
Tu peux t'expliquer, s'il-te-plaît ? Kannst du dich bitte erklären?
Nous pouvons trouver une solution satisfaisante.
Wir können eine zufriedenstellende Antwort finden.
Je pense qu'on peut trouver un compromis. Ich glaube, wir können einen Kompromiss finden.</td>
</tr>
</table>

✂- -

Aide de langue : Expression de l'opinion au passé

<table>
<tr>
<td>Accord/ Rejet</td>
<td>· C'était bien ! Das war gut!
· J'ai bien aimé… Gerne mochte ich…
· Je (ne) pense (pas) que… était bien/un succès/drôle/ intéressant/triste. Ich denke (nicht), dass… gut/ein Erfolg/ komisch/interessant/traurig… war.</td>
<td>· Oui, c'était une bonne idée. Ja, das war eine gute Idee.
· Non, je n'étais pas d'accord avec… Nein, ich war nicht einer Meinung mit…
· Je trouve que tu avais tort. Ich finde, dass du Unrecht hattest.
· Je trouve que tu avais raison. Ich finde, dass du recht hattest.</td>
</tr>
<tr>
<td>Expression de l'opinion</td>
<td colspan="2">· J'ai bien aimé… Gerne mochte ich…
· Je n'étais pas (du tout) d'accord avec… Ich war (gar)nicht einverstanden mit…
· Je pense que la discussion était bien… Ich glaube, dass die Diskussion gut war…
· Finalement, on n'a pas trouvé de solution. Letztendlich konnten wir zu keiner Lösung kommen.</td>
</tr>
</table>

Aide de langue : Poser des questions au présent et au futur

<table>
<tr><td>Questions : opinion personnelle</td><td colspan="2">• Qu'est-ce que tu en penses ?
Qu'est-ce que vous en pensez ?
• Que veux-tu faire ? Que voulez-vous faire ?
Que devrons-nous faire ?
• As-tu des idées ? Avez-vous des idées ?
• Peux-tu recommender qc ?
Pouvez-vous recommender qc ?</td><td>Demander l'ordre chronologique</td><td>• Que voulez-vous faire d'abord ?… zuerst…
• Ensuite, qu'est-ce que vous voulez faire ? Danach…
• Finalement, qu'en pensez-vous ? Schießlich…</td></tr>
<tr><td>Pronoms interrogatifs</td><td>• Que ? Was?
• Quel(s)/le(s) ?
Welche/r/s?
• Comment ? Wie?
• Où ? Wo?
• Qui ? Wer?
• Pourquoi ? Warum?
• Combien ?
Wieviel/e?
• Quand ? Wann?</td><td>• Qu'est-ce que c'est ?
• Quel livre voudrais-tu lire ?

• Comment vas-tu ?
• Où est mon ordinateur ?
• Qui veut un orangina ?
• Pourquoi as-tu peur ?
• Combien ça coûte ?

• Quand va-t-il venir ?</td><td>Demander les raisons</td><td>• Pourquoi penses-tu qu'on devrait faire… ?
• Quelles sont tes raisons ?
• Toutes les raisons que tu as exposées sont valables, mais j'aimerais savoir pourquoi… ?
• Quelle est ta motivation pour… ?</td></tr>
<tr><td>Registre</td><td colspan="4">neutre : Est-ce que tu as des idées ? / Quand est-ce qu'il vient ?
soutenu : As-tu des idées ? / Quand vient-il ?</td></tr>
</table>

Aide de langue : Poser des questions au passé

<table>
<tr><td>Questions : opinion personnelle</td><td colspan="2">• Qu'est-ce que tu as pensé de cette expliquation ?
• Comment as-tu réagi ?
• Quel aspect de la présentation as-tu préféré ?</td><td>Demander l'ordre chronologique</td><td>• Qu'est-ce que vous avez fait au début ?… zuerst…
• Ensuite, qu'est-ce que vous avez fait ? Danach…
• Finalement, as-tu réussi à tout faire ? Schließlich…</td></tr>
<tr><td>Pronoms interrogatifs</td><td>• Que ? Was ?
• Quel(s)/le(s) ?
Welche/r/s ?
• Comment ? Wie ?
• Où ? Wo ?
• Qui ? Wer ?
• Pourquoi ? Warum ?
• Combien ?
Wie viel/e ?
• Quand ? Wann ?</td><td>• Qu'est-ce que vous en avez pensé ?

• Comment y êtes-vous allé ?
• Où était la fête ?
• Qui y était ?
• Pourquoi tu n'y étais pas ?

• Quand es-tu arrivé(e) ?</td><td>Demander les raisons</td><td>• Pourquoi as-tu suggeré d'y aller ?
• Pourquoi tu voulais y aller ?
• Quelles étaient tes raisons ?
• Quelle était ta motivation pour…+ infinitif ?</td></tr>
<tr><td>Registre</td><td colspan="4">neutre : Comment est-ce que vous y êtes allé(e)s ?
soutenu : Comment y êtes-vous allé(e)s ?</td></tr>
</table>

Aide de langue : Les hypothèses

Fall	**Zeit**	**Regel**
Realer Bedingungssatz	Si-Satz im Präsens – Hauptsatz im Futur	Es handelt sich um eine Bedingung, die tatsächlich erfüllt werden kann.
Exemple I	Présent	Futur simple
	Si tu viens,	je te ferai quelque chose à manger.
Irrealer Bedingungssatz	Si-Satz Imparfait – Hauptsatz im Konditional	Es handelt sich um eine Bedingung, die irreal ist, das heisst, wenn ihre Erfüllung fraglich ist (z. B. Wunsch, Traum,…).
Exemple II	Imparfait	Conditionnel présent
	Si j'étais riche,	je ferais le tour du monde.
	Si tu avais du temps,	tu ferais plus de sport.
Irreale Bedingung in der Vergangenheit	Si-Satz im Plusquamperfekt – Hauptsatz im Konditional II	Es handelt sich um eine Bedingung, die in der Vergangenheit unerfüllt geblieben ist (z. B. Bedauern, Reue).
Exemple III	Plus-que-parfait	Conditionnel passé
	Si vous aviez eu des parents espagnols,	vous auriez appris l'espagnol.

✂- -

Aide de langue : Comparatif et superlatif

Substantiv	Zustand **Grundform + Adjektivdeklination**	Komparativ **plus** (Überlegenheit) oder **moins** (Unterlegenheit) oder **aussi** (Gleichheit) **+ Grundform + Adjektiv-deklination + que**	Superlativ **le/ la/ les plus** (Überlegenheit) oder **le/ la/ les moins** (Unterlegenheit) **+ Grundform + Adjektivdeklination (+ de)**
	Beispiel: **grand**		
	C'est une **grande** ville.	Lyon est **plus grande que** Bordeaux. Marseille **est aussi grande que** Lyon.	Paris est **la plus grande** ville (**de** France).
Adjektiv/Adverb	Zustand **Grundform**	Komparativ **plus** (Überlegenheit) oder **moins** (Unterlegenheit) oder **aussi** (Gleichheit) **+ Grundform + Adjektiv-deklination oder Adverb + que**	Superlativ **le/ la/ les plus** (Überlegenheit) oder **le/ la/ les moins** (Unterlegenheit) **+ Grundform + Adjektivdeklination (+ de)**
	Beispiel: **petit/vite**		
	Ma chambre est **petite**. Je cours **vite**.	Ma chambre est **plus petite que** la chambre de ton frère. Je cours **plus vite que** toi.	La chambre de ta sœur est **la plus petite**. C'est Pierre qui court **le plus vite**.
Vorsicht	Ausnahmen: · bon/ bonne, meilleur(e), le/ la meilleur(e) · mauvais(e), pire, le/ la pire		

Aide de langue : Les principaux temps de l'indicatif 

	Exemple	Règle
Présent	Verben auf -ER je cherch**e** tu cherch**es** il/elle/on cherch**e** nous cherch**ons** vous cherch**ez** elles/ils cherch**ent** Verben auf -IR (-iss) je grandi**s** tu grandi**s** il/elle/on grandi**t** nous grandi**ssons** vous grandi**ssez** elles/ils grandi**ssent** Verben auf -RE je répond**s** tu répond**s** il/elle/on répond nous répond**ons** vous répond**ez** elles/ils répond**ent**	Zustand/Handlung in der Gegenwart; vereinbarte Handlung in der Zukunft regelmäßige Verben: · Verben -ER: **Stamm** (= cherch~~ER~~) **+ Endungen: -e, -es, -e, -ons, ez, -ent** · Verben -IR : **Stamm** (= grandi~~R~~) **+ Endungen: -s, -s, -t, -ssons, -ssez, -ssent** · Verben -RE: **Stamm** (=vend~~RE~~) **+ Endungen: -s, -s, Ø, -ons, -ez, -ent** unregelmäßige Verben: Häufige unregelmäßige Verben: être, avoir, aller, faire
Futur simple	Infinitif + Endung je parler**ai** tu parler**as** il/elle/on parler**a** nous parler**ons** vous parler**ez** ells/ils parler**ont** Infinitif ohne -E + Endung je prendr**ai** tu prendr**as** il/elle/on prendr**a** nous prendr**ons** vous prendr**ez** elles/ils prendr**ont** être (Stamm = ser): je ser**ai**, tu ser**as**, **-a**, **-ons**, **-ez**, **-ont** avoir (Stamm = aur): j'aur**ai**, tu aur**as**, **-a**, **-ons**, **-ez**, **-ont** faire (Stamm = fer): je fer**ai**, tu fer**as**, **-a**, **-ons**, **-ez**, **-ont** aller (Stamm = ir) / venir (Stamm = viendr) / voir (Stamm = verr) / pouvoir (Stamm = pourr) / savoir (Stamm = saur) / vouloir (Stamm = voudr)…	Absicht/ Vorhersage für die Zukunft regelmäßige Verben: · **Infitinif** (= Stamm) **+ Endungen: -ai, -as, -a, -ons, -ez, -ont** **! Tipp:** die Endungen sind identisch mit den Endungen des Verbs „avoir" im Präsens · Verben -RE : **Stamm** (= prendr) **+ Endungen: -ai, -as, -a, -ons, -ez, -ont** unregelmäßige Verben: être, avoir, faire, aller, venir, voir, pouvoir, savoir, vouloir… **! Tipp:** nur der Stamm ist unregelmäßig, die Endungen sind regelmäßig.
Imparfait	je chant**ais** tu chant**ais** il/elle/on chant**ait** nous chant**ions** vous chant**iez** elles/ils chant**aient** je dis**ais** tu dis**ais** il/elle/on dis**ait** nous dis**ions** vous dis**iez** elles/ils dis**aient** Unregelmäßiges Verb: **être** j'ét**ais** tu ét**ais** il/elle/on ét**ait** nous ét**ions** vous ét**iez** elles/ils ét**aient**	Beschreibung oder Gewohnheit in der Vergangenheit **Stamm = 1te Person Plural im Präsens:** (= nous chant~~ONS~~, nous dis~~ONS~~, nous fais~~ONS~~) **+ Endungen: -ais, -ais, -ait, -ions, -iez, -aient**
Passé composé	je **suis** tu **es** il/elle/on **est** nous **sommes** vous **êtes** elles/ils **sont** } **arrivé(e)(s)*** ***Beim Hilfsverb „être" wird das Partizip dem Subjekt angeglichen** j'**ai** tu **as** il/elle/on **a** nous **avons** vous **avez** elles/ils **ont** } **couru**	Abgeschlossene, punktuelle Handlung in der Vergangenheit **Hilfsverb „être"** oder **„avoir"** im **Präsens + Partizip (participe passé)** des Verbs Hilfsverb **„être"**: die meistgenutzten Verben: **aller, venir, retourner, entrer, sortir, arriver, rester, partir, monter, descendre, tomber, naître, mourir + Reflexifverben** Hilfsverb **„avoir"**: alle anderen Verben Bildung des Partizips: Verben -ER → É z. B. mang**er** → mang**é** Verben -IR → I z. B. part**ir** → part**i** Verben -DRE → U z. B. enten**dre** → enten**du** ! Es gibt viele unregelmäßige Partizipien: être (été) / faire (fait) / avoir (eu)…
Plus-que-parfait	Handlung vor einem bestimmten Zeitpunkt in der Vergangenheit **Hilfsverb „être"** oder **„avoir"** im **„imparfait" + Partizip (participe passé)** des Verbs **(funktioniert wie „passé composé")** J'étais parti(e) / tu avais mangé / il était arrivé / elle avait dit / nous étions né(e)s / vous aviez promis / ils avaient bu	

Plus-que-parfait – Vorvergangenheit → Imparfait/Passé composé – Vergangenheit → Présent – Gegenwart → Futur simple – Zukunft

Aide de langue : Donner des conseils / faire des suggestions

Moyens grammaticaux	Exemples
Gebrauch des Impératif als Ratschlag : • funktioniert wie die Form „Présent“, aber ohne Subjektpronomen und wird nur für drei Personen benutzt: **tu, nous, vous** • Verben auf -ER + Verb „aller“: 2. Person Präsens ohne „s“ • „être“ und „avoir“ sind zwei wichtige unregelmäßigen Verben	(tu) **Prends** un rendez-vous chez le médecin. (nous) **Allons** voir le dernier film avec Omar Sy. (vous) **Achetez** un DVD pour l'anniversaire d'Aline, elle adore les films. (tu) **Va** prendre l'air. (tu) **Achète** des livres français. **sois** patient / **soyons** patients / **soyez** patients **aie** confiance / **ayons** confiance / **ayez** confiance
Conditionnel + Infinitif : **! Tipp:** funktioniert wie **Futur simple** (7) mit anderen Endungen: -ais, -ais, -ait, -ions, -iez, -aient. **! Tipp:** diese Endungen sind identisch mit den Endungen vom **Imparfait** (7)	Tu dev**rais** (devoir) **faire** plus de sport. Vous pour**riez** (pouvoir) vous **coucher** plus tôt.
Verbes impersonnels + subjonctif : Stamm des „Subjonctif“ = 3. Person Plural Präsens + Endungen: **-e, -es, -e, -ions, -iez, -ent** partir → ils part~~ENT~~ → que tu part**es**… arriver → ils arriv~~ENT~~ → qu'il arriv**e**… mettre → ils mett~~ENT~~ → que nous mett**ions**… **! Tipp:** die 3 Endungen im Singular + die 3. Endung Plural sind indentisch mit den Endungen der Verben –ER im „Présent“. **! Tipp:** die Endungen von „nous“ und „vous“ sind identisch mit den Endungen von „nous“ und „vous“ im Imparfait.	Il faut que tu part**es** rapidement. Il vaudrait mieux qu'il arriv**e** à l'heure. Il vaut mieux que nous mett**ions** un titre à notre texte.
Verbes au Présent + Infinitif : Je te/vous conseille de (+Infinitif) Tu dois/vous devez (devoir) + Infinitif Il faut + Infinitif	Je te **conseille de** prendre ton temps. Vous **devez visiter** le centre-ville. **Il faut voir** le quartier des artistes.
Et si + imparfait… (Imparfait: siehe (7))	**Et si** nous **allions** à la piscine ? **Et si** nous **faisions** une fête ?

Aide de langue : Expression des sentiments

positif	neutre	négatif
• *apprécier qn/qc +* • *aimer qn/qc ++* • *adorer qn/qc +++* • *être fier/fière de…* • *être content(e)/heureux(euse)/ enthousiaste/satisfait(e)/ ravi(e) que + subjonctif…* • *je vais bien+/très bien++/ super bien (familier)+++* • *j'ai envie de/je désire/ je souhaite + infinitif*	• *prendre qn/qc au sérieux* • *comprendre qn/qc* • *croire en qn/qc* • *être raisonable* • *être honnête* • *être fiable/digne de confiance* • *être soulagé(e)* • *être reconnaissant(e)* • *être confiant(e)* • *être surpris(e)* • *être flexible*	• *être mécontent(e)/ne pas être content(e)…* • *ne pas aimer qn/qc+/déstester qn/qc++/haïr qn/qc+++* • *regretter qc* • *envier qn/être jaloux(ouse) de qn* • *avoir peur de qn/qc…* • *être énervé(e) contre qn…* • *être triste* • *être malheureux(euse)* • *être déçu(e)* • *être timide*

Aide de langue : Les relations logiques

<table>
<tr><th colspan="3">La cause
Zeigt einen Grund oder eine Erklärung an</th></tr>
<tr><th></th><th>Exemple</th><th>Contexte</th></tr>
<tr><td>parce que</td><td>Je suis fatigué parce que j'ai fait beaucoup de sport hier.</td><td>neutrale/r Grund/Erklärung</td></tr>
<tr><td>à cause de</td><td>Je suis en retard à cause de la grève des bus.</td><td>negative/r Grund/Erklärung</td></tr>
<tr><td>grâce à</td><td>Grâce à l'échange à Bruxelles, je parle mieux français.</td><td>positive/r Grund/Erklärung</td></tr>
<tr><td>comme</td><td>Comme elle court vite, elle a gagné la course.</td><td>immer am Anfang des Satzes</td></tr>
<tr><td>puisque</td><td>Puisqu'il pleut, nous n'irons pas à la piscine.</td><td>offensichtliche/r Grund/Erklärung</td></tr>
<tr><th colspan="3">La conséquence
Zeigt ein Ergebnis an</th></tr>
<tr><th></th><th>Exemple</th><th>Contexte</th></tr>
<tr><td>donc</td><td>Je suis malade donc je ne vais pas au collège aujourd'hui.</td><td rowspan="2">logischer Effekt</td></tr>
<tr><td>alors</td><td>Lena était en retard alors je suis parti sans elle.</td></tr>
<tr><th colspan="3">Le but
Zeigt ein Ziel an</th></tr>
<tr><th></th><th>Exemple</th><th>Contexte</th></tr>
<tr><td>pour</td><td>Julien travaille pour gagner un peu d'argent.</td><td>pour + Infinitiv</td></tr>
<tr><td>pour que</td><td>J'ouvre la porte pour qu'il puisse entrer.</td><td>pour que + Subjonctif</td></tr>
<tr><td>afin de</td><td>Je vous écris afin de postuler pour ce travail.</td><td>afin de + Infinitiv (registre soutenu)</td></tr>
<tr><th colspan="3">L'opposition
Zeigt einen Gegensatz an</th></tr>
<tr><th></th><th>Exemple</th><th>Contexte</th></tr>
<tr><td>mais</td><td>Il travaille mais il est bénévole.</td><td>um einen Gegensatz einzuleiten</td></tr>
<tr><td>par contre</td><td>Kathi part en Australie, par contre, moi, je reste en France.</td><td>stärkt den Gegensatz</td></tr>
</table>

✂--

Aide de langue : Les prépositions

<table>
<tr><th colspan="6">Les prépositions + noms de villes</th></tr>
<tr><td colspan="6">Städtenamen Ø Artikel
Dakar, Berlin, Toulouse, Tombouctou, Pékin aber La Havane</td></tr>
<tr><td colspan="3">wo ich herkomme (de)
Je viens de Québec.</td><td colspan="3">wo ich bin / wo ich hingehe (à)
Je vais à Istanbul.</td></tr>
<tr><th colspan="6">Les prépositions + noms de pays</th></tr>
<tr><td colspan="6">Länder = Artikel
Le Mali (m), La Guinée (f), les Pays-Bas (pl) ! Tipp: Länder, die auf „e" enden sind fast immer weiblich.</td></tr>
<tr><td colspan="3">wo ich herkomme (du, de, des)</td><td colspan="3">wo ich bin / wo ich hingehe (au, en, aux)</td></tr>
<tr><td>J'arrive du Québec</td><td>Je viens de Suisse</td><td>Je rentre des États-Unis</td><td>J'habite au Pérou</td><td>Je vais en Guinée</td><td>Je vis aux Pays-Bas</td></tr>
<tr><th colspan="6">Les prépositions + activités</th></tr>
<tr><th colspan="6">Faire du/de la/des + sport</th></tr>
<tr><td colspan="2">Je fais du tennis (m)</td><td colspan="2">Vous faites de la danse (f)</td><td colspan="2">Elles font des arts-martiaux (pl)</td></tr>
<tr><th colspan="6">Jouer au/à la/aux + sports ou jeux</th></tr>
<tr><td colspan="2">Tu joues au handball</td><td colspan="2">Nous jouons à la chasse au trésor</td><td colspan="2">Ils jouent aux échecs</td></tr>
<tr><th colspan="6">Prépositions de temps</th></tr>
<tr><td colspan="3">il y a (+ passé) → Zeitpunkt in der Vergangenheit
depuis (+ présent) → Ausgangspunkt einer Situation, die noch anhält</td><td colspan="3">pendant (+ passé) → abgeschlossene Situation
dans (+ futur) → Zeitpunkt in der Zukunft</td></tr>
<tr><td colspan="6">J'ai commencé à apprendre le français il y a deux ans.
J'ai fait un échange à Bruxelles pendant une semaine.
Aujourd'hui, je fais des exercices de grammaire.
J'irai étudier au Canada dans trois ans.
J'apprends le français depuis deux ans.
présent</td></tr>
</table>

Aide de langue : Décrire des images

• Sur l'image/la photo on voit… • Au premier plan/à l'arrière plan, on voit… • Sur la gauche/la droite, il y a… • En haut/en bas, on aperçoit… • Au milieu/au centre de l'image/de la photo, il y a…	• À côté de… il y a… • Derrière… on voit… • Entre... et… on peut voir... • La scène se passe à (+ lieu)… en (+ temps) • Les personnages ont l'air… (+ adjectif)

✂- -

Aide de langue : Les pronoms (compléments/relatifs)

Les pronoms compléments directs et indirects					
qui ? / quoi ? *(wen/was Akkusativ)*			**à qui ?** *(wem Dativ)*		
Les pronoms compléments directs		**me/m'**			**Les pronoms compléments indirects**
	je	Tu regardes **qui** ? Tu **me** regardes	Tu parles **à qui** ? Tu **me** parles	**je**	
		te/t'			
	tu	Tu appelles **qui** ? Je **t'**appelle	Tu écris **à qui** ? Je **t'**écris une lettre	**tu**	
		le/l'/la	**lui**		
	il/elle/on	Il connait **qui** ? Il **le/la** connait	Il téléphone **à qui** ? il **lui** téléphone	**il/elle/on**	
		nous			
	nous	Tu écoutes **qui** ? Tu **nous** écoutes	Tu réponds à **qui** ? Tu **nous** réponds	**nous**	
		vous			
	vous	Ils embrassent **qui** ? Ils **vous** embrassent	Elles sourient à **qui** ? Elles **vous** sourient	**vous**	
		les	**leur**		
	elles/ils	Ils aiment **qui** ? Ils **les** aiment	Ils plaisent à **qui** ? Ils **leur** plaisent	**elles/ils**	
			à quoi ? / de quoi? *(an/von was)*		
			Tu as pensé **à quoi** ? J'**y** ai pensé Tu parles **de** quoi ? J'**en** parle		

Les pronoms relatifs (qui/que/où)
QUI ersetzt das Subjekt: Il fait des gâteaux. **Les gâteaux** (Subjekt) sont excellents. → Il fait des gâteaux **qui** sont excellents.
QUE ersetzt das Objekt: On a mangé dans un restaurant. J'adore **ce restaurant** (Objekt). → On a mangé dans un restaurant **que** j'adore.
OÙ ersetzt ein Ort oder eine Zeitangabe: La chambre est une pièce de la maison. On dort **dans la chambre** (Ort). → La chambre est la pièce de la maison **où** on dort.

Aide de langue : Éventail de langue

Mode d'emploi : copiez et plastifiez la page. Découpez ensuite les bandes et perforez sur le X. Attachez ensuite toutes les bandes pour obtenir un éventail qui peut être ouvert et fermé.

X	À mon / notre avis…
X	Je veux d'abord / nous voulons d'abord (+ infinitif)…
X	Commençons par (+ nom ou + infinitif) / avec (+ nom)…
X	Je parlerai / nous parlerons ensuite de…
X	Mon / notre élément suivant…
X	Intéressons-nous maintenant à l'aspect suivant…
X	Je voudrais / nous voudrions faire remarquer que…
X	Je veux / nous voulons souligner que…
X	Ce qui est important pour moi / nous, c'est que…
X	Je pense (crois, trouve) / nous pensons (croyons, trouvons) que…
X	… comme je viens / nous venons de le dire.
X	J'ai / nous avons déjà souligné que…
X	Laisse-moi finir s'il te plait / Laissez-moi finir s'il vous plait.
X	Pour résumer…
X	Pour conclure, je dirais / nous dirions que…

Aide de langue : Donner un feedback sur un jeu de rôle ou une présentation

Lorsque vous donnez un feedback, il est important de respecter votre travail ainsi que celui des autres élèves. Il faut s'entrainer à faire des critiques constructives qui permettent de s'améliorer. Vous trouverez, dans le tableau ci-dessous, des propositions pour vous aider à donner un feedback. Commencez par les points positifs puis faites des critiques constructives.

Donner un feedback à ses camarades	**Feedback général** • Votre jeu de rôle/présentation (n')était… – (pas très) bon/bonne parce que… – (pas très) convaincant(e) parce que… • J'ai/je n'ai pas (beaucoup) aimé votre jeu de rôle/présentation parce que… • J'ai trouvé votre jeu de rôle/présentation (pas très) intéressant(e) parce que… • Avec votre jeu de rôle/présentation, j'ai/je n'ai pas appris de nouvelles choses… **Langue** • C'était/ce n'était pas (très) facile, de vous écouter parce que… • Vous (n')avez (pas) parlé suffisament fort. • J'ai tout compris. • Il y a beaucoup de choses que je n'ai pas comprises. • Il y avait/il n'y avait pas suffisamment de pauses.	**Contenu** • Vous avez fait beaucoup de recherches. • Je pense que certaines choses étaient exactes/bien recherchées parce que... • Vos idées pour le jeu de rôle (n')étaient (pas très) bonnes parce que... • Le thème (n')était (pas) intéressant. • Vous (n')avez (pas) présenté clairement votre opinion. • La présentation/le jeu de rôle (n')était (pas) clairement structuré(e). **Éléments visuels** • Vous (n')avez (pas) utilisé assez d'éléments visuels. • Votre présentation (n') a (pas) appuyé tous les éléments principaux. • Votre présentation (n') a (pas) mis en valeur votre exposé.
Exprimer son accord	• Je comprends ce que tu veux/vous voulez dire parce que… • Je suis tout-à-fait d'accord parce que… • Je partage ton/votre opinion parce que… • Je trouve aussi que ce thème est important parce que… • J'ai trouvé ta/votre présentation très intéressante parce que… • Je suis d'accord avec toi/vous sur ce sujet… • Au début, je n'étais pas convaincu(e) mais tu m'as/vous m'avez fait changer d'avis parce que…	**Justifications** • …j'ai vécu la même chose. • …je n'avais jamais entendu parler de cet aspect. • …j'ai la même opinion sur ce sujet. • …j'ai aussi les mêmes informations sur ce sujet. • …ta/votre présentation m'a vraiment plu.
Proposer des améliorations	• Tu n'as/vous n'avez rien dit sur… • C'est dommage, il n'y avait pas d'informations sur… • Tu aurais/vous auriez pu parler de… • Ta/votre présentation était un peu trop courte/longue/confuse. • Ce serait super si la prochaine fois vous pouviez… • Tu n'as/vous n'avez pas respecté la limite de temps.	

Méthode de travail

Méthode de travail : Préparer une présentation 

Préparation	Faire une affiche	Présentation
• Rassemblez vos idées. • Discutez de vos idées en groupe. • Faites une carte heuristique ou un set de table (boîte à outils n° 18) • Choisissez les idées que vous allez présenter. • Abordez les aspects positifs et négatifs. • Structurez vos idées. • Préparez la présentation et exercez-vous. • Justifiez ce que vous dites.	• Préparez une affiche. Cette affiche doit aider votre présentation. • Elle doit être composée de mots-clés, de dessins et d'images. • N'hésitez pas à utiliser différentes couleurs.	• Commencez par présenter le thème de la présentation puis annoncez la structure de la présentation. • Répartissez le temps de parole. • Parlez clairement. • Pour conclure votre présentation, faites un court résumé des idées importantes.

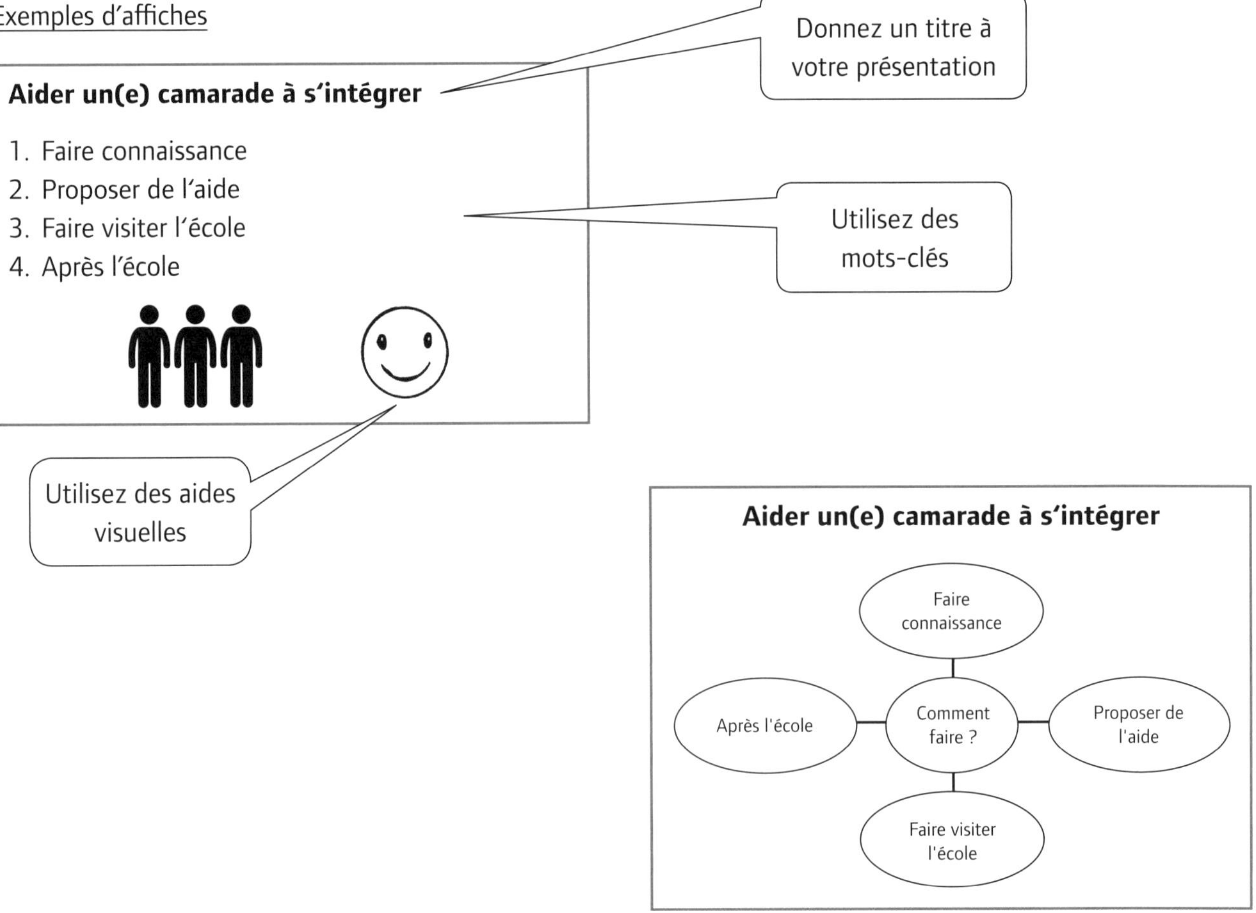

Méthode de travail : Répartition des rôles – Travail de groupe 

Gardien(ne) du temps  Fais attention à respecter le temps imparti	Contrôleur(euse) de la langue  Vérifie bien que tout le monde parle français
Espion(ne) 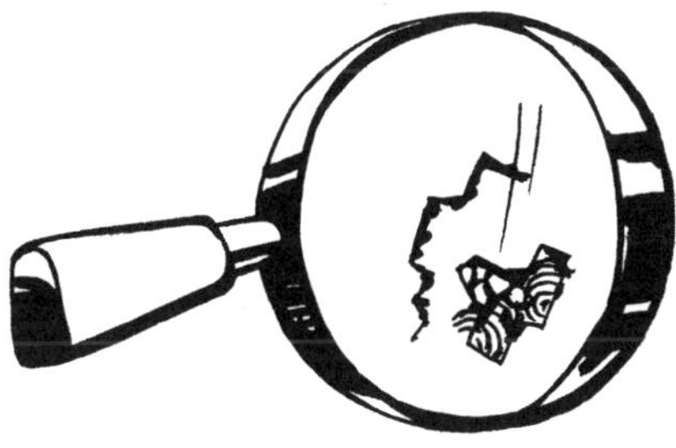 Tu peux demander de l'aide aux autres groupes ou au professeur	Contrôleur(euse) de l'exercice 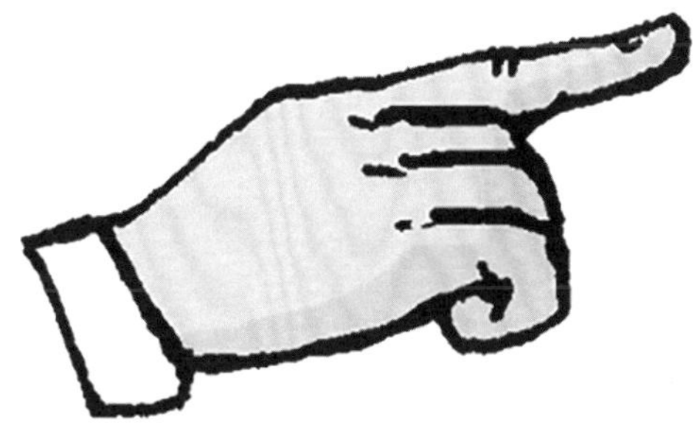 Fais attention, l'exercice doit bien correspondre à la consigne
Présenta teur(trice)  Fais attention, tous les membres du groupe doivent aider à faire l'exercice. Tu peux aussi répartir la parole si nécessaire	Secrétaire  C'est toi qui est responsable de la prise de notes

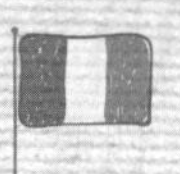

Méthode de travail : Set de table et visite guidée – Travail de groupe

La métode du set de table fonctionne très bien pour trouver des idées et en parler avec le groupe. Pour cela vous avez besoin d'une feuille de papier A4 ou d'une affiche A3.

Le set de table vous aidera à…
1. **développer vos propres idées** (réfléchissez individuellement et notez des mots-clés)
2. **compléter vos idées** (parlez de vos idées avec un autre membre du groupe)
3. **partager vos idées avec la classe** (notez les idées de votre groupe au centre du set de table)

Voici deux exemples de sets de table. Le premier est pour un groupe de quatre élèves et le second pour un groupe de trois élèves. Si nécessaire, vous pouvez ajouter des cases supplémentaires.

Vous pouvez aussi découper le set de table. Il sert alors d'affiche que vous pouvez accrocher dans la classe. Vous pouvez alors organiser une visite guidée en présentant votre affiche aux autres groupes et en observant les affiches des autres groupes. N'hésitez pas à poser des questions pour obtenir des explications !

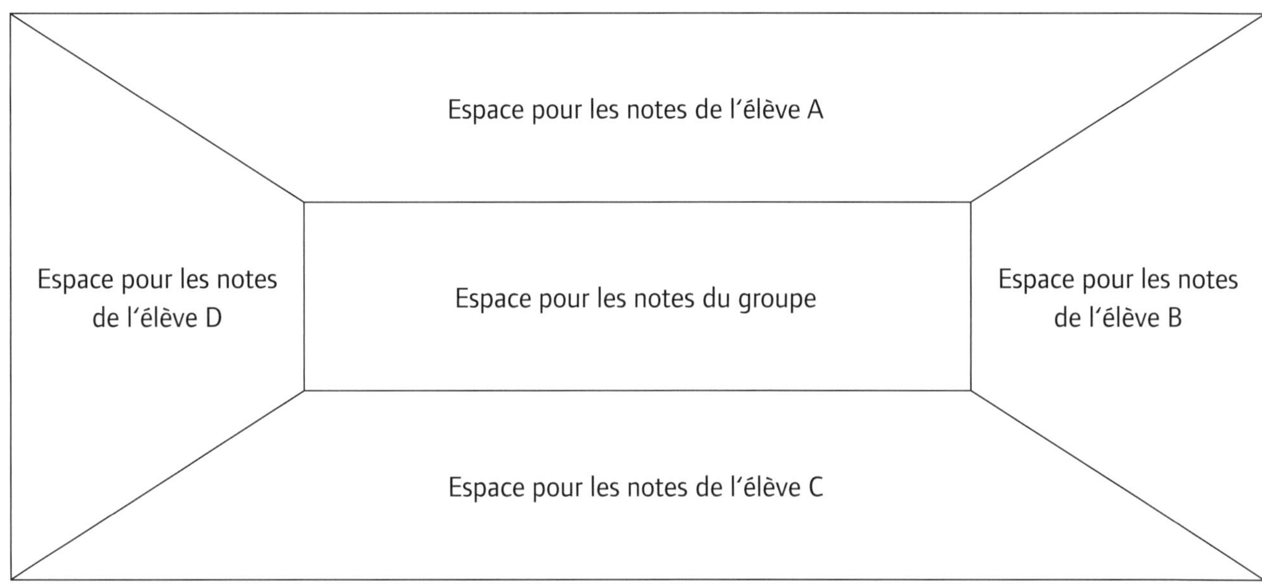

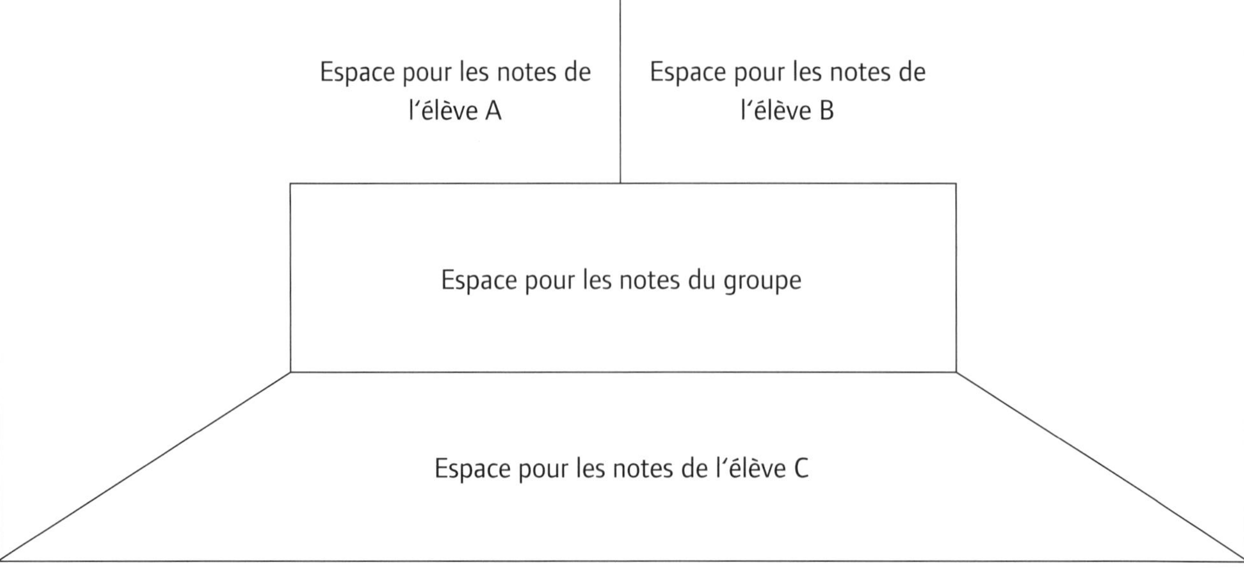

Fiches d'évaluation et de reflexion

Reflexionsbogen: Jeu de rôle – Meine Bewertung

	☺ 😐 ☹ + **Kommentar**
Das Thema hat mir gefallen.	
Das *Jeu de rôle* hat im Ganzen gut funktioniert.	
Das *Jeu de rôle* hat mir Spaß gemacht.	
Mir/Uns ist besonders gut gelungen…	
Ich mochte meine Rolle.	
Ich konnte zeigen, was ich auf Französisch kann.	
Besonders leicht fand ich…	
Besonders schwierig fand ich…	
Wenn jemand Schwierigkeiten bei der Vorbereitung hatte, gab es Hilfestellungen.	
Ich konnte gut mit den anderen zusammenarbeiten.	
Ich habe etwas dazugelernt.	
Beim nächsten *Jeu de rôle* muss ich/müssen wir darauf achten…	

Reflexionsbogen: Présentation – Meine Bewertung

	☺ 😐 ☹ + **Kommentar**
Das Thema war interessant.	
Die *présentation* hat gut funktioniert.	
Die *présentation* hat mir Spaß gemacht.	
Mir/Uns ist besonders gut gelungen...	
Die Arbeit und das Vortragen mit den anderen hat gut funktioniert.	
Ich konnte zeigen, was ich auf Französisch kann.	
Besonders leicht fand ich...	
Besonders schwierig fand ich...	
Wenn jemand Schwierigkeiten bei der Vorbereitung hatte, gab es Hilfestellungen.	
Ich weiß jetzt mehr zum Thema als vorher.	
Ich habe Lust bekommen, noch mehr über das Thema zu lernen.	
Bei der nächsten *Présentation* muss ich/müssen wir darauf achten...	

Grille d'évaluation pour le professeur et les élèves : Jeu de rôle

Nom :	Jeu de rôle : Classe :
	Commentaires
Langue	
Prononciation	
Rythme (trop lent/rapide)	
Structure (construction des phrases, formes verbales)	
Vocabulaire (mots)	
Phrases 1 (questions et affirmations)	
Phrases 2 (négations et confirmations)	
Langage corporel (jeu d'acteur, contact visuel avec les auditeurs)	
Contenu	
Utilisation de l'aide	
Structure des jeux de rôles (introduction, corps, conclusion)	
Lien entre les parties (logique et cohésion des phrases)	
Développement des personnages	
Commentaires généraux	

Grille d'évaluation pour le professeur et les élèves : Présentation

Nom :	Présentation : Classe :
	Commentaires
Langue	
Prononciation	
Rythme (trop lent/rapide)	
Structure (construction des phrases, formes verbales)	
Vocabulaire (mots)	
Phrases 1 (questions et affirmations)	
Phrases 2 (négations et confirmations)	
Langage corporel (techniques de présentation, contact visuel avec les auditeurs)	
Contenu	
Pertinence (le thème est intéressant et les informations pertinentes)	
Préparation (le thème a été bien préparé)	
Utilisation de l'aide	
Structure de la présentation (introduction, corps, conclusion)	
Commentaires généraux